Pon tu vida en orden

Pon tu vida en orden

Alicia Iglesias

Primera edición en esta colección: enero de 2018
Segunda edición: marzo de 2018

© Alicia Iglesias Galán, 2018
© de la presente edición: Plataforma Editorial, 2018

Plataforma Editorial
c/ Muntaner, 269, entlo. 1ª – 08021 Barcelona
Tel.: (+34) 93 494 79 99 – Fax: (+34) 93 419 23 14
www.plataformaeditorial.com
info@plataformaeditorial.com

Depósito legal: B. 30.344-2017
ISBN: 978-84-17114-48-0
IBIC: VS

Printed in Spain – Impreso en España

Diseño de cubierta:
Ariadna Oliver

Realización de cubierta y fotocomposición:
Grafime

El papel que se ha utilizado para imprimir este libro proviene
de explotaciones forestales controladas, donde se respetan
los valores ecológicos, sociales y el desarrollo sostenible del bosque.

Impresión:
Prodigitalk
Martorell (Barcelona)

Índice |

Índice

Dedicatoria y agradecimientos |

A mi abuela y a mi padre, por inculcarme desde pequeña la idea de emprender. Ella no lo consiguió por la época que le tocó vivir, pero hubiera sido una grandísima empresaria. Mi padre sí lo logró, nunca se rindió, y eso me ha marcado profundamente.

A mi abuelo, por aportarme tenacidad y constancia, por enseñarme a centrarme y por su ejemplo. A mi madre, que tiene el único mantra que uno debe seguir: «Mientras la salud nos acompañe, todo está bien».

A mi hermana, esa persona a la que llamo a cualquier hora y que, esté donde esté, lo deja todo por mí.

A mi hija M., el milagro más maravilloso que me tenía destinado la vida. Eres la bomba, con tus cosas buenas y no tan buenas, pero siempre aprendiendo de ti, disfrutándote y estando juntas. Eres de esas personas que tienen magia.

«Quien acierta en el casar no tiene más en que acertar» es una de las frases de mi padre, ¡y qué razón tiene! Veinte años apoyándome y estando ahí, cuidándome, dándome todo el espacio, perdiéndolo tú. Pase lo que pase, nunca es un problema. En los peores momentos, siempre a mi lado, llevando la peor parte y cediendo todo el protagonismo de este trabajo conjunto. Eres lo mejor de mi vida.

A mis amigas, ¡cuántas cosas buenas me pasan gracias a vosotras! Una y mil veces gracias por vuestra generosidad infinita.

A D. Linares y a D. de la Viuda, por enseñarme a pasar del qué dirán y sacarme de mi zona de confort.

A M. Gallay, por decirme: «Tú sí que puedes».

Y a ti, que estás leyendo esto, porque sin ti este libro nunca se hubiera escrito y todas las cosas bonitas que me están pasando no hubieran sucedido jamás.

Mil veces gracias.

Bienvenido |

Y enhorabuena. Te felicito porque, si has cogido este libro, es porque estás decidido a dar el paso de cambiar algo que no funciona en tu vida; probablemente relacionado con tu casa, pero no tiene por qué. Hay muchísimas cosas que puedes mejorar con una buena organización del hogar, no solo a nivel doméstico.

Una buena organización te ayuda a resolver gran parte de los problemas de convivencia, te ayuda a salir más contento por la mañana, te evita carreras, impuntualidades y agobios y te permite saber que regresarás a un lugar cómodo y acogedor por la noche, en el que descansar y recuperar fuerzas.

Con todo esto, podrás enfocar todos tus esfuerzos en los desafíos que te esperan más allá de la puerta de casa, en la oficina, en tus relaciones personales o en cualquier otro aspecto de la vida al que necesites enfrentarte.

Inevitablemente, esto debería ayudarte a alcanzar tus metas con más facilidad o, al menos, darte un buen empujón. No importa si tu objetivo es dirigir una gran empresa, o montar tu propio negocio, o vivir relajadamente trabajando lo mínimo imprescindible con un estilo de vida sencillo. Para todos estos casos, la organización es el comienzo.

En todos los años que llevo estudiando el tema de la organización personal y doméstica, la búsqueda de la felicidad y los patrones de conducta que rigen a las personas, me he dado cuenta de una cosa: las personas más felices suelen presentar, con bastante frecuencia, una serie de características comunes.

En primer lugar, y esto es bastante evidente, el gusto por una vida sencilla. Como es lógico, cuanto menos necesitas, más fácil es alcanzarlo y, por lo tanto, más cerca estás de lograr la felicidad.

En segundo lugar, y esto ya es mucho más difícil de conseguir, la capacidad de poner el foco en un objetivo y la tenacidad para conseguirlo. Es muy difícil llegar a alcanzar la felicidad si no sabes exactamente qué es lo que quieres. Incluso si no quieres nada, no es fácil llegar a saber que realmente no quieres nada en especial, que te llega y te sobra con disfrutar de cada día. A la mayoría de las personas que conozco les frustra más no ser capaces de conocerse lo suficiente como para saber qué es lo que quieren o lo que necesitan para ser realmente felices que el hecho mismo de no alcanzar sus objetivos.

El tercer y último punto es su capacidad de organización. Inevitablemente, para llegar a alcanzar un objetivo, hay que tener un plan. Planificar y organizar todo lo necesario para ir quemando etapas hasta llegar a la cima es todo un arte.

No te estoy diciendo que, gracias a mi método de orden, vayas a conseguir todo esto como por arte de magia. Estaría genial y me encantaría, pero, desgraciadamente, no es así. Lo que sí te puedo asegurar es que mi método te va a ayudar a quitarte muchos problemas de encima y a focalizar tus esfuerzos en aquellas cosas que realmente valen la pena. También te puedo prometer que, si vives acompañado, tus relaciones serán más tranquilas y relajadas, que se reducirán notablemente las fricciones y tensiones habituales que existen en cualquier convivencia y que todo eso te ayudará a vivir más tranquilo y feliz.

No obstante, este libro que tienes en las manos no trata exhaustivamente de la instauración de mi método de orden. Para eso, hace unos meses, escribí *21 días para tener tu casa en orden. El método de orden que cambiará tu vida*, disponible a través de mi tienda *online* y en versión digital en Amazon.

En este libro te doy bastantes trucos y reglas con los que empezar, pero, sobre todo, intento ayudarte a comprender qué es y qué no es la organización, qué beneficios tiene, cómo funciona y por qué consigue todo lo que te prometo. Además, el libro te ayuda a llevar la organización de tu hogar a un segundo nivel, a ese punto en el que tu casa te ayuda a conseguir otros objetivos, a enfrentarte al mundo y a alcanzar la felicidad.

Por último, esta obra también toca bastante la parte del mantenimiento del hogar relacionada con la limpieza, te ayuda a optimizar tu tiempo y a reducir considerablemente el esfuerzo necesario para todas esas tediosas tareas del día a día, como la plancha o la limpieza del baño, e incluso te da algunas ideas de cómo modificar tu casa para que te dé todavía menos trabajo.

El objetivo de todo esto es claro y único: la búsqueda de la felicidad. ¿Cómo?

¿Qué sensación tienes cuando, después de doce horas de viaje, llegas a un maravilloso hotel, entras en una habitación limpia, despejada y perfumada y te dejas caer sobre la cama? Pues eso, exactamente eso, es lo que voy a tratar que consigas en tu casa.

¿Imposible? Ya veremos. Hoy has dado el primer paso.

1.

El orden y el desorden

Por qué es importante el orden y la organización

En cualquier faceta de nuestra vida, no importa si hablamos de lo laboral, de lo económico o hasta del ocio, el orden y la organización son fundamentales. Una buena organización y planificación nos ayuda a enfrentarnos al desenfreno del día a día con seguridad y aplomo, nos hace sentir que controlamos la situación y eso nos aporta confianza en nosotros mismos y en lo que hacemos. Pero esta es solo una parte de los beneficios. Cuando llevamos una vida ordenada y sabemos que aquello a lo que nos dedicamos está bajo control, el cerebro puede descargarse de responsabilidad, bajar las revoluciones y descansar. Eso reducirá tus posibilidades de sufrir estrés o problemas derivados, mejorará tu salud y te hará vivir más tranquilo y más feliz.

¿Quieres pruebas? Haz un pequeño experimento: intenta pensar cuántas veces al día dices cosas como «no puedo olvidarme de…», «tengo que acordarme de…», o simplemente la cantidad de veces al día que tu cerebro piensa en algo importante, pero que todavía no puedes llevar a cabo. Piensa también en cuántas veces te olvidas de algo.

Cosas de este tipo, muy habituales en la vida cotidiana de la mayoría de las personas, suceden principalmente por dos motivos. El primero, por la falta de rutinas que automaticen muchos de nuestros quehaceres diarios y en los que no tendríamos ni que pensar. El segundo, porque tenemos la cabeza tan saturada de información, de tareas y de responsabilidades que, sencillamente, es incapaz de retenerlo todo y trabajar a la velocidad que le exigimos. Por eso llega un momento en que dice «no puedo más» y sufrimos de cansancio mental, estrés o ansiedad.

A lo largo de este libro te contaré por qué suceden estas cosas, algunos métodos y trucos para alcanzar una buena organización y mantener el orden de forma fácil, y cómo recuperar tu casa y tu tiempo para no sentirte esclavo del día a día.

Por qué existe el desorden

Antes de ponernos a debatir y a exponer soluciones acerca de cómo recuperar el control de tu vida, de por qué es posible conseguirlo a través de la organización de tu casa o de otros beneficios que vas a conseguir, es importante empezar por el principio.

Es importante porque, en esta vida, no existen soluciones mágicas para nada. Lo que existe es el conocimiento y el análisis de un problema y, una vez comprendido, la aplicación de la lógica para obtener soluciones que también comprendemos, que adaptamos a nuestro día a día y con las que nos sentimos cómodos.

Por esta razón, antes de empezar a ordenar o a reorganizar tenemos que entender por qué existe el desorden, cómo hemos llegado a él. Solo entendiendo la razón de tu desorden podrás aplicar diferentes métodos o sistemas para solucionarlo.

En cambio, si únicamente te dedicas a cambiar las cosas de sitio o a meterlas en cajas o cestos sin ton ni son, en cuestión de tiempo (semanas o incluso días), todo volverá a estar hecho un desastre y seguirás frustrándote tratando de buscar una explicación.

En la mayoría de los casos, aunque no en todos, el desorden viene dado por un problema de acumulación. Tenemos demasiada ropa para los armarios disponibles, o demasiados juguetes para los niños o demasiados libros en las estanterías.

Por esa razón, el 99 % de las veces que llames a un organizador profesional, lo primero que hará es ayudarte a tirar todo lo que te sobra, que, para tu sorpresa, será mucho más de lo que hubieras imaginado.

Puede parecer una evidencia, pero hasta las personas más metódicas y organizadas sufren el problema de la acumulación. En mi día a día me encuentro a muchísimas personas que descubren, en sus armarios y cajones, ropa sin estrenar, incluso con las etiquetas puestas, o algún objeto que jurarían haber tirado hace años y, como estos, cientos de ejemplos.

Pero existen muchas más razones para el desorden. La segunda razón en nuestro particular *ranking* está en que no tenemos sitios específicos para cada cosa, vamos improvisando sobre la marcha. Por eso, al abrir los cajones, podemos encontrar de todo, desde pilas a pinzas del pelo o monedas de cinco céntimos. También tendremos cajas en el salón o en los armarios y, cuando te pregunte qué es lo que contienen, seguramente no sabrás qué responder, habrá papeles o revistas de hace años encima de los libros de la librería y montones de figuritas aquí y allá que, en muchos casos, ya ni siquiera te gustan.

Incluso obviando el hecho de que todas estas cosas no estuvieran mezcladas, imaginando que cada cosa tuviese un sitio fijo e inamovible y que, por ejemplo, cuando compras un juguete o un libro o un paquete de sobres, supieras exactamente dónde tiene que ir, también nos encontraríamos con que puede que no hayas pensado bien la distribución de los espacios.

Es un clásico lo de encontrar zapatos distribuidos por varias zonas de la casa sin demasiado criterio, o lo de compartir armario con nuestra pareja, o lo de tener huecos estratégicos de la cocina ocupados con cosas que apenas se usan. Y esto se debe a nuestro tercer problema del *ranking*: la falta de planificación.

Cuando nos mudamos, simplemente sacamos las cosas de las cajas y las vamos colocando sin pensar demasiado en los pros y los contras de esa distribución o en si podríamos sacarle más partido. Al no seguir ninguna estrategia ni planificación previa, tendremos espacios desaprovechados y otros muchos saturados, cosas del día a día en sitios incómodos, etcétera.

Ese es el primer paso para perder el control del espacio y de lo que tenemos. Algunas cosas se quedan olvidadas en el fondo de un armario durante años y otras parece que siempre están por en medio. Es el tipo de casa perfecta para que la acumulación prospere.

Por qué acumulamos

Aunque pensemos que el problema de la acumulación es reciente, lo cierto es que sus raíces se encuentran en el principio de los tiempos. El que más tenía era siempre uno de los más poderosos, ya que la acumulación de bienes ejemplificaba el estatus social, el poder y la riqueza.

También pasamos periodos de guerra en los que las privaciones crearon una serie de traumas que hicieron que muchas personas, pasado el conflicto, empezaran a acumular sin sentido, «por si acaso», o simplemente para disfrutar de lo que no pudieron en otros tiempos.

El caso es que, por unas razones u otras, llevamos el acto de la acumulación grabado a fuego en nuestra mente, transmitido de generación en generación sin ser conscientes de ello. De hecho, aún nos sorprende o extraña saber de personas que son capaces de vivir una vida sencilla, sin apenas posesiones.

Pero no quiero irme a los extremos. Entre los ascetas y los acumuladores patológicos hay toda una gama de grises en la que nos encontramos la mayoría, y ahí es donde radican gran parte de los problemas cotidianos y en lo que quiero centrarme.

Por otro lado, es una realidad que nadie nos enseña a tirar, a organizar, a librarnos de lo que nos sobra. Al contrario, seguro que te vendrán a la cabeza muchas frases como «el que guarda siempre tiene» o «¿vas a tirar esto? Pero si está nuevo» o incluso «es que me lo regaló la tía…».

Todas estas razones, y alguna más, son las que convierten muchas de las casas de hoy en un maremágnum de cosas entre las que intentamos vivir. Y en esto radica la clave: las cosas deben vivir entre nosotros, no nosotros entre las cosas.

2.
El orden y yo

Cómo me di cuenta de que necesitaba orden en mi vida

Bueno, esto del orden no es como levantarte un día por la mañana y descubrir que por fin entiendes las integrales o, al menos en mi caso, no fue así. Fue un proceso lento y progresivo que se inició cuando me fui a vivir sola por primera vez, con solo diecisiete años.

Al principio, como a todos, me hacía muchísima ilusión tener mis propias cosas, decorar la casa a mi estilo, tenerla a mi gusto. Supongo que así es como se empieza. Fue pasando el tiempo y yo cada vez tenía más y más cosas. Al principio, las mudanzas eran cuestión de una tarde con amigos, pero pronto se fue complicando todo. En ese momento no le das demasiada importancia. Al fin y al cabo, es lo normal, ¿no?

Tampoco te creas que era especialmente ordenada, qué va. Como todos, era de esas personas que tiraba el abrigo en cualquier sitio al entrar en casa, que dejaba los platos varios días en la pila o que acumulaba la ropa usada encima de una silla. Como he dicho muchas veces, yo no soy una de esas personas que ha nacido ordenada por naturaleza y no me avergüenza decirlo. De hecho, por eso creo que me es más fácil comprender y empatizar con mis clientes, porque yo he sido antes como ellos, sé lo que piensan, entiendo sus problemas y conozco sus razones.

Fue en mi segunda mudanza cuando empecé a sufrir los primeros problemas de espacio. Había pasado de un piso compartido pero grande, con armarios infinitos, a un pequeño apartamento de apenas cuarenta y cinco metros cuadrados.

Al principio lo llevé bastante bien, y esto es algo normal tras una mudanza. O has elegido muy mal o es muy raro que una casa se te quede pequeña nada más llegar. Tenía un armario que ocupaba una de las paredes de la habitación y estaba bastante bien, pero eso era todo, no había más.

Con el paso del tiempo, como siempre, los armarios y cajones se fueron llenando más y más. Cuando me casé y mi pareja se vino a vivir conmigo ya se nos fue del todo de las manos: llegamos a colgar un armario de tela encima del váter y a tender en la bañera.

Me gustaría hacer aquí una pausa para compartir una reflexión contigo, una reflexión de esas que da la madurez y el pasar por diversas situaciones. Si una pareja es incapaz de vivir con comodidad en un apartamento de cuarenta y cinco metros cuadrados, es que algo funciona rematadamente mal. Y eso que funciona mal es nuestra relación con las cosas que compramos.

Para mí, esa época fue la de las compras en rebajas, la de los pantalones a siete euros o las camisetas a cinco. Una época en la que, además, me resistía a deshacerme de cualquier cosa porque me había costado mucho comprarla. Así que, como muchos otros, decidimos mudarnos a una casa más grande (y más cara). Ahí pasamos otros muchos años en los que el piso pasó de estar semivacío a tener que ir apartando enseres nuevamente. Hasta el trastero tenía pilas de cajas acumuladas hasta el techo.

De vez en cuando hacíamos maratonianas jornadas de limpieza de fin de semana y llevábamos decenas de bolsas y cajas a una asociación cercana, y nos sentíamos increíblemente bien, como quien se quita una mochila muy pesada de los hombros. Seguro que te suena.

Aun así, tampoco era consciente entonces de nuestros problemas de orden y acumulación, aunque sí empezaba a darme cuenta de la relación existente entre la cantidad de cosas que inundan una casa y la sensación de agobio que ello produce. También me di cuenta de que, cada vez que quería animarme o buscar un cambio en mi vida, redecoraba la casa, cambiaba cosas de sitio, compraba algún mueble nuevo o incluso pintaba habitaciones. No exagero si digo que mi casa cambiaba cada dos meses.

Entonces llegó la época de las mudanzas encadenadas. Me cambié de casa cuatro veces en cuatro años y, en ese tiempo, abrí y cerré un pequeño negocio de moda en dos ocasiones, vaciando y montando un pequeño local de doce metros cuadrados en cada una de ellas.

Fueron tiempos de locura, tiempos en los que más de treinta cajas de libros y decenas y decenas de bolsas de ropa acabaron en distintas asociaciones. Me volví infinitamente más práctica y comprendí que las cosas que acumulamos son un lastre que nos resta libertad de movimiento y que dificulta el que podamos adaptarnos a distintas circunstancias.

Empecé a ver cada mueble y cada objeto como un problema más que como un deseo y a elegir la practicidad por encima de todo. En esa época llegó el libro electrónico y los muebles desmontables o de bajo coste; así podía cambiarlos sin remordimientos cuando ya no me sirviesen.

También tuve una época en la que huía, con cualquier pretexto, de algunas casas que habitábamos. Comía y cenaba fuera y buscaba cualquier plan para no tener que pasar tiempo en casa. Esas sensaciones me enseñaron lo importante que es cuidar nuestro entorno, la influencia que tienen las cosas y las casas en nuestro estado de ánimo y nuestra forma de vivir.

Paralelamente a mi transformación, me fui dando cuenta de lo que les ocurría a quienes estaban a mi alrededor. Amigos o familiares que se mudaban y que encajaban muebles en huecos imposibles, que ya no les gustaban, que apenas dejaban espacio para moverse con comodidad, pero que les habían costado tanto que ni se planteaban desprenderse de ellos. Entonces fui verdaderamente consciente del problema.

Pensamos que los objetos están ahí para hacernos la vida más fácil, o para hacernos sentir bien o para resolvernos un problema, pero la realidad es que vivimos subordinados a los objetos que tenemos.

Compramos o alquilamos casas en función de si cabrán las cosas que tenemos, incluso priorizando esto a aspectos como la zona o nuestra seguridad económica; vivimos en salones en los que apenas podemos movernos a cambio de tener sofás kilométricos que rara vez se ocupan enteros; tenemos habitaciones horribles solo por el hecho de que en algún sitio hay que meter esa cómoda enorme tan cara que compramos para la otra casa.

Con una buena organización, con un consumo responsable y razonable y con una sana relación con los objetos, podemos construir hogares en los que sentirnos a gusto, en los que saber que, si ocurre algo inesperado, te puedes mover y trasladar sin problema, en los que te sientes tan libre como si solo llevaras una mochila al hombro.

Y el orden y la organización en mi hogar fueron trayendo el orden y la organización a mi cabeza. Es un proceso natural y lógico en que el orden atrae al orden. Ahí me puse en serio con las rutinas, los menús y los horarios y di un vuelco total a mi vida.

A partir de ahí empezó la Alicia organizadora. Al principio, con familiares y amigos y, bueno, lo demás ya es historia conocida.

Con el tiempo, me he dado cuenta de que muchas personas que sufren episodios parecidos a los míos de cambios constantes de casa o de situación son las que suelen ser más organizadas o más flexibles en su relación con los objetos. No es casualidad, claro.

Lo que quiero decir es que esto del orden y la organización es un proceso de aprendizaje por el que hay que pasar y que, por desgracia, a pocos de nosotros nos lo han enseñado en el colegio o en casa. Al contrario, vivimos en una sociedad que potencia el consumo desenfrenado y que nos bombardea con promociones, días sin IVA y ofertas irrechazables. Por eso es tan complicado alcanzar una vida equilibrada y sana con nuestro entorno, porque vamos a contracorriente. Pero se puede, ¡claro que se puede! Si yo he podido, tú también.

Cómo aprendí a ser ordenada

En primer lugar, y si has leído con calma el punto anterior, habrás observado que la primera forma de aprendizaje es sufrir los problemas del desorden y la acumulación. Hasta que no somos conscientes de estos problemas no buscamos opciones que nos ayuden a solucionarlos.

Igual que tú, mis primeros pasos en este mundo se basaron en la prueba y el error. Se me ocurrían posibles soluciones, las probaba y, si no funcionaban, las cambiaba hasta dar con la adecuada. En mis tiempos no había organizadores, ni cursos, ni nada de nada, al menos que yo conociera, así que esta era la mejor manera.

Por suerte para nosotros, vivimos en la era de la sociedad de la información, de Internet, y tenemos al alcance de un clic cientos de miles de vídeos, artículos y testimonios de casi cualquier tema que se nos ocurra; también sobre el orden.

De Internet salieron muchos de los trucos que fui aprendiendo por el camino; algunos se quedaron, otros fallaron y así fue como, poco a poco, fui creando mi propio método y testeándolo con su crítica más exigente: yo misma. Llegaron los libros del *dan-sha-ri*, el minimalismo, el *feng shui*, Yamashita, Marie Kondo, Francine Jay y tantos otros.

En esa época, también empecé a estudiar distintos sistemas de gestión del tiempo y de tareas, mayoritariamente centrados en el entorno laboral, pero que me ayudaron muchísimo a dar forma a mi modo de entender esta disciplina, y así pude adaptarla a lo que a mí más me interesa: la vida diaria.

Cuando decidí dar el paso de vivir de la organización profesional contacté con una chica que llevaba varios años trabajando en España y que me ayudó muchísimo a centrarme y a trazar mi propio camino.

En mi caso, seguramente por mi experiencia, he decidido no centrarme tanto en la organización de espacios como fin sino como medio, un medio para alcanzar una vida mejor y una serie de sensaciones de bienestar.

Así que ya ves, no se trata de nada raro, no fui a la facultad de organizadores ni seguí ningún extraño camino iniciático. Fue, más bien, un proceso natural en el que se combinaron mi propia vida personal con algunas inquietudes y las personas adecuadas.

La pirámide de Maslow

Muchas veces, la gente me pregunta extrañada por qué mi método de organización empieza por los menús mensuales. También se sorprenden de que me preocupe más de generar sensaciones o de organizar pequeños rincones de bienestar que de hablar de ordenar los cajones o recoger los juguetes. Hasta he oído decir que mi método tiene más de autoayuda que de organización del hogar. En realidad, no van tan mal desencaminados.

En primer lugar, desde el principio, siempre he dejado claro que mi método es el *método de orden que cambiará tu vida*, porque ese es el fin último de mi trabajo. Mi objetivo final no es que tengas los calcetines perfectamente uniformes o que tu abuela sonría orgullosa ante lo recogidito y limpio que está el salón, para eso ya están otros. Mi objetivo es utilizar la organización del hogar para que lleves a cabo una transformación interior que te conduzca hacia una vida más plena y relajada; mi objetivo es que descubras que muchos de tus problemas pueden solucionarse desde casa, aunque no todos, por desgracia.

Así, la casa y la organización del hogar son solo un medio para alcanzar un fin mucho más elevado e importante: tu felicidad, tu seguridad en ti mismo y tu paz interior. ¿Cómo lo hago? Pues aunando numerosas técnicas de distintos ámbitos, desde las ciencias naturales a la psicología, y desde los métodos de orden a tradiciones milenarias. Uno de los pilares sobre los que se asienta mi método es la pirámide de Maslow. Seguro que te suena.

Es posible que no lo recuerdes, pero a todos, en algún momento de nuestra vida estudiantil, nos han enseñado esta famosísima pirámide. La teoría de Maslow explica que las necesidades de cualquier persona se apilan por niveles y que es imposible ver cumplidas y satisfechas las necesidades de la parte superior de la pirámide si no se han cubierto las de la parte inferior.

Los niveles de la pirámide, por orden de cumplimiento, son: fisiología, seguridad, afiliación, reconocimiento y autorrealización. Voy a intentar explicar cómo utilizo la pirámide en mi método para ayudar a alcanzar las metas más altas.

En primer lugar tenemos las *necesidades fisiológicas*. Esto englobaría la alimentación y el descanso. En mi método, siempre empezamos por los menús y la comida. No solo porque es uno de los pilares de la pirámide, sino también porque es uno de los que más tiempo ocupa en nuestras vidas, así que poner un poco de orden ahí es un éxito seguro.

A continuación, trabajamos normalmente en la habitación de la persona objetivo. La razón de esto es doble: por un lado, atacamos el segundo pilar de la base de la pirámide, el descanso; por otro, trabajamos en un entorno seguro en el que, normalmente, el resto de la familia no se va a inmiscuir demasiado.

En segundo lugar en importancia tendríamos la *seguridad*: seguridad familiar, laboral y de salud, entre otras. Puede parecer que, en este ámbito, no haya mucho que hacer en lo referente a orden, pero sí hay algunos aspectos que se pueden mejorar.

Con los dos primeros pasos, alimentación y habitación, hemos conseguido que la persona objetivo descubra la efectividad del método: empieza a ver sus resultados y a creer que de verdad puede dar un giro importante a su vida al mejorar una situación que consideraba imposible tras años de intentos infructuosos. Con ello ha ganado confianza en sí misma y tiempo, y seguramente ha reducido su estrés, lo que repercute de forma positiva en su salud, la lleva a enfadarse menos y a estar de mejor humor. Todo esto, inevitablemente, redundará en una mejora de las relaciones familiares y en una reducción de las discusiones en casa; en definitiva, en una mayor seguridad familiar.

Así que no nos detenemos; esta confianza renovada nos anima a meternos en otras estancias de la casa, de momento, las menos conflictivas, como la cocina (si la persona objetivo es la encargada de cocinar), los baños o la entrada.

Pasamos ahora al tercer nivel, el de *afiliación*. Este nivel se refiere a la amistad, el afecto y la intimidad sexual. Si te fijas, todos estos elementos están altamente condicionados por el tiempo. En cuanto se reduce nuestro tiempo, debido a un trabajo más exigente o a tener niños, estos son los primeros aspectos que se resienten.

Con todos los cambios que hemos ido haciendo en la casa, en el tiempo y en la vida de la persona objetivo (y seguramente también en la de algunos o de los restantes habitantes de la casa), lo que más van a notar todos, además de la reducción de las tensiones familiares y el estrés, es el tiempo del que ahora disponen. Un buen día volverán a descubrirse leyendo un libro en el sofá o simplemente descansando en un rincón agradable y se sorprenderán del tiempo que hacía que no estaban así.

Eso también refuerza considerablemente la confianza en el método y da fuerzas para afrontar el siguiente nivel y las pruebas más duras del cambio; llegamos al nivel del *reconocimiento*.

En este nivel trabajamos conceptos como la confianza en uno mismo, el respeto y el éxito y empezamos a ocuparnos de zonas conflictivas, como las habitaciones de los niños o el salón.

Si durante las anteriores etapas lo hemos hecho bien, ahora mismo la persona objetivo se sentirá confiada y fuerte, no solo porque ha confirmado que el método funciona, sino porque ha sido él o ella quien ha llevado a cabo el proceso. Eso le dará seguridad para afrontar zonas comunes, donde los intereses de otros miembros de la familia pueden chocar con los suyos.

Para evitar que la persona objetivo caiga de nuevo en la tentación de discutir, en esta etapa hay que enseñarle técnicas de comunicación, negociación y asertividad. La casa es un lugar en el que conviven varias personas y todas ellas deben sentirse cómodas si queremos que la organización y la armonía perduren en el tiempo. Debemos evitar al máximo la imposición; aunque en ocasiones, por desgracia, no quede otro remedio.

Finalmente, si conseguimos superar esta difícil etapa con

éxito, habremos organizado toda la casa y solventado muchos de los problemas que minan cada día nuestra moral y nuestro ánimo; habremos alcanzado el último nivel de la pirámide: la *autorrealización*.

Este nivel incluye elementos como la creatividad, la aceptación de los hechos, la espontaneidad y la resolución de problemas. Tras lo aprendido en la etapa anterior, tras lograr el éxito de la negociación (resolución de problemas) y aceptar los gustos y decisiones de los demás para que convivan con los nuestros (aceptación de los hechos), seremos libres para empezar a crear nuestras propias reglas o para modificar las existentes (creatividad, espontaneidad) con la seguridad de que sabemos cómo lo hemos hecho y que es posible lograrlo.

Y eso es todo, así es como he diseñado mi método de orden para, escalando los diferentes niveles de la pirámide de Maslow, llegar a cambiar la vida de las personas a través de la organización del hogar. Ya ves que no se trata, simplemente, de ordenar cajones y armarios.

3.
El orden y los problemas

Los trastornos de la acumulación y el desorden

La acumulación sin sentido probablemente sea, junto con el estrés, el gran mal psicológico de nuestro tiempo, un mal derivado del consumo irresponsable que, además, apenas se estudia y cuyas consecuencias son generalmente desconocidas para el gran público.

Esto se debe, en parte, a que hemos construido un mundo en el que la mayoría de la población tiene trabajos orientados a crear necesidades inexistentes a todos los demás, a generarles deseo y a controlar sus impulsos. Nuestra sociedad se rige por el consumo de los ciudadanos. Si el consumo se frena, llegan las crisis y el paro y todo se hunde. En cambio, cuanto más gastemos, mejor irá todo en general.

Existen enfermedades diagnosticadas y complejas relacionadas con la acumulación, como el síndrome de Diógenes, del que seguramente hayas oído hablar. No obstante, hay muchísimos otros males que, sin llegar a estos extremos, pueden dañar la vida de una persona o la convivencia de una familia, muchas veces hasta puntos sin retorno. Algunos de estos males son:

- Sensación de agobio y ansiedad en nuestra propia casa.
- Sensación de descontrol, de no saber dónde están las cosas o de si ya tienes o no algo que quieres comprar.
- Deseo de no permanecer en casa, de buscar cualquier excusa para estar fuera el máximo tiempo posible.
- Discusiones familiares constantes por temas relacionados con el desorden y la falta de organización.

Y podría dar muchos más ejemplos.

Seguramente, muchos de los males de la lista anterior te resulten familiares, pero no te sientas mal por ello, en absoluto; de hecho, muchos de ellos son frecuentes en la gran mayoría de los hogares.

Si a estos males les sumas otros externos, como problemas laborales o con la familia con la que no convives, tu entorno puede convertirse en una bomba de relojería.

Es la acumulación de todos estos problemas la que puede llevarte a sufrir depresiones y hacer que la presión generada en casa desemboque, incluso, en una separación innecesaria (ya sabes el dicho de que «la convivencia nunca es fácil»).

El objetivo de mi trabajo, ya sea con mis clientes, a través de mi blog o de estos libros, es ayudarte a disfrutar de tu casa y de tu día a día, a tener ese rincón de paz que haga que te relajes nada más abrir la puerta, ayudarte a optimizar tu tiempo y tus métodos para que el día a día te resulte más llevadero.

Los beneficios colaterales del orden

Mucha gente piensa, equivocadamente, que el orden y la organización solo sirven para tener una casa bonita, como esas que se ven en Instagram y Pinterest. Consideran que es algo totalmente superficial que solo debería importar a gente con intereses en la decoración, el interiorismo o incluso simplemente por vanidad personal. Nada más lejos de la verdad.

Existen muchísimos beneficios derivados del orden que, si eres de las personas que han seguido mi método a través del blog, YouTube o mi libro anterior, *21 días para tener tu casa en orden*, seguro que reconocerás al instante.

El primero y más evidente de ellos es el relax que supone para mente y cuerpo estar en un lugar ordenado y donde todo está colocado con lógica y coherencia.

Esto no lo he inventado yo, ya lo practicaban las culturas del mundo antiguo. Los romanos o los griegos eran tremendamente ordenados y algunas de las reglas que utilizamos hoy derivan de ellos, como el número áureo, descrito por Euclides y que utilizamos para calcular qué proporción de los espacios es la adecuada para que estos resulten visualmente agradables. Pero seguro que te son también muy familiares los famosos templos zen japoneses, con sus jardines y sus salas semivacías, el *feng shui* chino o tantos otros.

En la era moderna, los pioneros en el estudio del orden han sido los americanos, quizá por ser los primeros en sufrir el colapso por acumulación que impuso su famoso *way of life*, que exportaron al resto del mundo.

De allí provienen los primeros organizadores profesionales de espacios, pero también los famosos gestores de tiempo y organizadores de tareas, como David Allen y su famosísimo método de productividad GTD (*Getting Things Done*), que hoy en día utilizan millones de personas en todo el mundo.

Como te decía, el primer síntoma evidente de que un lugar está ordenado y bien organizado es que las personas que lo ocupan se sienten automáticamente más relajadas, se encuentran a gusto. Esto hace que su ritmo mental disminuya, que su cerebro descanse y que se reduzcan las posibilidades de sufrir episodios de estrés o ansiedad.

Además, derivado de todo esto, como ya he comentado anteriormente, las discusiones familiares se reducen notablemente, como es lógico, ya que el ambiente imperante en la casa se descarga de tensión, facilitando la comunicación entre los miembros de la familia o los habitantes del hogar.

Todo esto, de por sí, ya sería lo suficientemente bueno como para que valiese la pena, pero no se queda solo ahí.

El segundo efecto evidente del orden es que eres capaz de localizar rápidamente todo lo que necesitas, lo que te convierte en una persona altamente efectiva y eficiente en tu casa y, si lo aplicas en la oficina, también allí. Además, sabes instantáneamente dónde debe colocarse cualquier cosa que entre en casa, por lo que a tu cerebro le cuesta menos colocarlo en su sitio (si ese sitio está bien pensado) que dejarlo en cualquier parte. La clave de esto último se recoge en una frase que se aplica en otro campo de estudio, pero que yo he tomado prestada para mi método de orden y que me parece muy adecuada: *Don't make me think* («No me hagas pensar»). Si colocamos las cosas de casa de forma que apenas necesitemos pensar en dónde debemos colocarlas, lo haremos de forma semiautomática y la casa se mantendrá en orden por sí sola como por arte de magia.

Por último, todo esto redunda en una sensación de control del entorno; el cerebro siente que controla la situación y esa sensación de control nos otorga una confianza en nosotros mismos difícilmente igualable por otros medios, refuerza la autoestima y nos ayuda a superar retos que, en otra situación, parecen imposibles.

Para visualizarlo, piensa en la gente que está pasando un bache o un mal momento, ¿acaso no suele ser su entorno más caótico que el del resto?

El orden funciona como una palanca que te ayuda a salir de momentos difíciles, ya que, a veces, necesitas visualizar el orden a tu alrededor para que llegue al interior.

Pero aquí no se acaban los beneficios, no te creas; ahora pasaremos a un tipo de beneficios mucho más mundanos pero que seguro que también agradeces.

Hablando de comidas, de organización y de menús, una despensa ordenada te ayuda a controlar mejor la caducidad de los alimentos, a saber lo que tienes realmente y a gastarlo con inteligencia. Esto no solo te ahorra mucho dinero en comida que no desperdicias, sino que te ayuda a controlar tu dieta, a ser consciente de lo que comes cada día y a planificarlo para equilibrar tus consumos. Piensa: seguro que no es la primera vez que descubres que esta semana has comido pasta tres veces o que en el último mes te has pasado con tus visitas a locales de comida rápida.

Cuando lo tienes todo planificado de antemano y, además, la compra está hecha para cumplir con esa planificación, lo más cómodo siempre será seguir el plan previsto. Es fácil porque no hay que pensarlo, sabes que tienes un papel que te dice qué vas a comer y que en la nevera tienes todo lo necesario para prepararlo.

Así que con una buena organización y predisposición para mantener el orden, conseguirás sentirte más relajado, reducir tensiones, localizar lo que necesitas sin esfuerzo, disminuir drásticamente las discusiones familiares, mejorar la confianza en ti mismo, tu autoestima, ahorrar en la compra, controlar tu dieta y no desperdiciar comida. No parece un mal trato, ¿verdad?

Cuando el desorden no es el problema

Como ya habrás deducido de lo dicho hasta ahora, muchas veces el desorden no es el problema en sí, sino solo uno más de los síntomas derivados de otro problema. ¿Qué problema? Bueno, es difícil de concretar; casi podríamos decir que hay una respuesta por cada persona, pero intentaré agruparlos por categorías para que puedas hacerte una idea de qué casos pueden derivar en un problema de orden:

- **Problemas de apegos emocionales,** normalmente asociados a herencias o similares. Es muy típico cuando hay una relación de apego muy fuerte entre familiares, por ejemplo, entre padres e hijos, y se produce un fallecimiento. En ese momento hay quien piensa que desprenderse de los enseres heredados es una especie de traición o quien tiene la sensación de que la persona que se ha ido vive, de algún modo, en sus cosas. Puede que pienses que no es nada grave guardar un vestido o un par de objetos de recuerdo, y así es, pero la cosa cambia cuando hablamos de personas que se llevan la casa entera porque son incapaces de tirar ni un solo trapo.
- **Problemas de organización derivados de la convivencia.** Cada uno de nosotros, sin excepción, tendría su casa de una forma totalmente diferente; colocaríamos las revistas en un sitio, los libros en otro, los papeles en otro... Esto se traslada a cualquier conjunto de personas que comparten piso. Podemos ser más o menos afines, pero lo cierto es que la organización es algo muy personal en la que rara vez se coincide, y menos en su totalidad.

El resultado es que cada uno deja las cosas en un sitio distinto, que lo que para uno resulta obvio (dejarlas en el cajón de la entrada, por ejemplo) al otro no le entra en la cabeza, y situaciones similares. Seguro que te suena.

Principalmente, la forma de afrontar esto es poner todas las cartas sobre la mesa y llegar a un modelo de organización común y conocido por todos. Normalmente, al menos en mi experiencia, lo que suele ocurrir es que una persona de la familia toma la decisión de reorganizar una estancia a su gusto, sin contar con nadie, y luego transmite a los demás sus decisiones. Es un clásico: «Oye, que he cambiado los papeles y ahora están en esas cajas del fondo y he movido todo eso que había ahí al cajón del estudio». Lo más normal es que la otra persona, cogida por sorpresa, asienta en silencio entre sorprendida y resignada. No es de extrañar, pues, que pasados unos días veamos que ese nuevo orden tampoco funciona y que aparecen cosas donde no deberían.

Para que un método de organización funcione, obligatoriamente, debe ser compartido por todos los ocupantes de la casa (o del espacio, si hablamos de un lugar de trabajo o cualquier otro sitio). Los métodos de organización son como reglas que se establecen por consenso y que todos acuerdan cumplir. No obstante, es muy importante que haya negociación y consenso, porque la tiranía del «aquí decido yo» no funciona, está más que comprobado. En unos aspectos cederá uno y en otros tendrá que ceder el otro, pero, sea como fuere, si quieres que tu casa mantenga el orden, debes asegurarte de que todos sus ocupantes se encuentran cómodos con los métodos de organización. Solo con el acuerdo de todos se puede alcanzar un orden duradero. Si no es así, ya te adelanto que será como intentar ponerle puertas al mar.

- **Desórdenes emocionales.** En esta categoría englobaríamos los desórdenes derivados de casos de depresión, ansiedad, bloqueo mental, etcétera.

La vida es compleja, da muchas vueltas y hay que ser realmente fuerte para superar todos y cada uno de los problemas que van surgiendo en el camino. Antes o después, casi todas las personas pasan por momentos en que sienten que el mundo se les viene encima. Algunas son capaces de salir adelante por sí solas, otras lo consiguen gracias a amigos y familiares, unas pocas se quedan en una especie de limbo intermedio en el que no acaban de tocar fondo, pero tampoco consiguen recuperarse del todo, y, por último, tenemos a las que necesitan ayuda médica.

En todos estos casos, es muy probable que el entorno de la persona refleje su estado emocional y sea igualmente depresivo o caótico. Lo que llevamos por dentro se refleja en el exterior, y este puede cambiar, poco a poco, lo que ocurre en nuestro interior.

En estos casos, una reorganización profunda y, sobre todo, muy alineada con el momento emocional de la persona puede ayudarla en su día a día, como el agua que, gota a gota, va abriendo un surco en la piedra.

El cerebro de las personas que pasan por momentos emocionales complicados funciona a mil por hora, las machaca, las ahoga, las lleva a un estado de actividad frenética que desemboca en un cuadro de cansancio y bloqueo mental.

Por esta razón, si conseguimos recolocar su entorno de

modo que las cosas aparezcan de forma natural y que el orden se mantenga sin tener que pensar en ello, lograremos quitarles una piedra importante en su camino, una piedra en la que tropiezan varias veces al día. Si conseguimos que su casa sea un verdadero refugio, un lugar de paz y relajación, la velocidad de recuperación se multiplicará de forma importante.

- **Acumulación compulsiva.** La acumulación compulsiva puede darse por muchísimas razones. Podría venir derivada de un problema de compra compulsiva relacionada con el estrés, con la falta de autoestima, con un trastorno obsesivo o incluso ser una mezcla de todo ello.

   Otra posibilidad es que no sea un problema de compra, sino de no ser capaz de deshacerse de lo que ya no sirve. Conozco casos de gente jubilada que guarda vestidos de cuando tenía quince años, o de habitaciones enteras llenas de cables o de telas o de material de papelería que apenas se usa.

   Seguro que, en algún momento, has conocido a alguna persona que sufrió privaciones en la época de la guerra o posguerra y que, como un reflejo traumático, necesitaba acumular todo lo que podía «por si acaso».

   Las opciones son casi infinitas y son casos muy difíciles de tratar, muchas veces incluso más que los desórdenes emocionales, porque muchas de estas personas tienen una personalidad muy fuerte y están convencidas de que lo que hacen es lo correcto.

Cuando es la casa de los demás la que siempre parece perfecta

Este es un mal muy común y que poco tiene de lógico, si lo piensas bien.

En primer lugar, es bastante obvio que la casa de los demás te parezca siempre, si no perfecta, muy ordenada. Seguramente, casi nunca te presentas allí por sorpresa y, cuando alguien te está esperando, lo habitual es que intente esforzarse para que todo esté presentable. Al menos, en la mayoría de los casos.

Esto quiere decir que, muchas veces, lo que estarás juzgando es una distorsión de la realidad. Estás comparando tu casa en su momento más desastroso con la de tus conocidos cuando reciben visitas. Lógicamente, vas a salir siempre perdiendo.

Dependiendo de la situación emocional en la que te encuentres, esa distorsión puede llevarte a pensar que haces algo mal y que eres un desastre, o a algo peor: a invocar a los fantasmas de tu inseguridad.

Por eso mi consejo es doble. Por un lado, céntrate en ti, en tu casa y en tu mundo. Lo que ocurra en casa del vecino es problema del vecino, que tendrá, como todo el mundo, sus bondades y sus problemas. No vas a encontrar la felicidad en su casa, ni la armonía, ni la paz interior.

Y puedes trasladar esto a cualquier aspecto de tu vida. Al igual que debes centrarte en tu casa y en tu entorno, debes hacerlo en tu aspecto y en tu situación económica o sentimental. Fijarse en lo que tienen o no tienen los demás es una receta infalible para el desánimo, la envidia y la infelicidad.

El *dan-sha-ri* o el arte de soltar lastre

Llámalo casualidades de la vida, destino o pura suerte. El caso es que el concepto del *dan-sha-ri* llegó a mi vida directamente desde las lejanas tierras del sol naciente justo en el momento en que más falta me hacía.

Era un momento de duda, de cambio, en el que empezaba a deshacerme de cosas y a sentir todo lo bueno que me producía hacerlo, pero en el que aún albergaba esos sentimientos de culpabilidad del que se deshace de algo que cree que todavía tiene algún valor.

El *dan-sha-ri*, una técnica basada en la milenaria cultura japonesa, nació hace unos años de la mano de Hideko Yamashita. Se basa en los caracteres *dan*, «rechazar las cosas innecesarias», *sha*, «deshacerse de las cosas inútiles que uno posee», y *ri*, «detectar el deseo insano por las cosas innecesarias».

Hideko nos anima a llevar una vida más sencilla, más minimalista, en busca de la paz interior y de nuestra verdadera esencia. Para ello, utiliza nuestro hogar, nuestro entorno, atiborrado de cosas innecesarias y de recuerdos que, muchas veces, no queremos revivir.

Su teoría (y la mía) es que, a través de la transformación exterior de lo que nos rodea, sentiremos una transformación interna, mucho más profunda, que nos ayudará a alcanzar el equilibrio, a conocernos a nosotros mismos y a alcanzar la estabilidad y la paz mental que requieren nuestros ajetreados días.

Y es que *dan-sha-ri* es precisamente eso: conocerse a uno mismo a través del orden, porque el espacio que nos rodea es, ni más ni menos, el fiel reflejo de sus ocupantes.

4.
El orden y tú

Para qué quieres usar tu casa

Seguramente, nunca antes te hayas hecho esta pregunta. Es algo que se da por supuesto: una casa es una casa y ya está, la quiero para vivir, ¿o no?

Bueno, como todas las preguntas, esta también tiene su truco. Si ya tienes unos años, ya sabes que a menudo las respuestas más complicadas se esconden detrás de las preguntas más sencillas, y esta no es una excepción.

Hay quien utiliza su casa solamente para dormir, sin grandes pretensiones, quien disfruta cocinando cada noche o quien considera que su casa es su mayor tesoro. No hay dos personas iguales en el mundo y, por lo tanto, no hay dos respuestas iguales.

En función de lo que quieras que sea tu casa, en función de lo quieras conseguir en ella, así tendrás que organizarla y así tendrás que marcar tus límites, tus divisiones y tus necesidades.

Muchas veces no es fácil saber lo que uno quiere exactamente, aunque parezca mentira. De hecho, me atrevería a decir que, probablemente, es una de las preguntas más difíciles de contestar. Lo que sí es bastante más fácil es saber lo que no queremos, y en eso sí que te puedo ayudar.

A lo largo de mi carrera, me he topado con muchísimos casos diferentes, pero podría agrupar en tres grandes grupos lo que no debería ser una casa.

Una casa no es un almacén

Desde luego que no, y es el caso más habitual. Para ir directa al grano voy a ponerte unos cuantos ejemplos que seguro que te resultarán familiares. No hay nada que mejor explique las cosas que un buen ejemplo:

- Las habitaciones-trastero, esas en las que guardas cajas, ordenadores estropeados y los adornos de Navidad.
- Los despachos que parecen un archivo del Gobierno en lugar de un lugar de trabajo; papeles y cajas apiladas con facturas de la luz de 1986, estanterías con libros colocados de todas las formas posibles y una mesa que podría ser de madera pero que es imposible de comprobar sin quitar los trastos que la cubren. Seguro que has visto esto más de una vez.
- Las despensas listas para sobrevivir a un desastre nuclear. Armarios rebosantes, arcones-congelador, estanterías su-

pletorias y filas y filas de latas y otros alimentos que tardan años en caducar (pero que caducan). En estos casos se ven auténticas barbaridades.

Creo que te vas haciendo a la idea. Estos son casos un poco extremos, pero, no te engañes, lo mismo puede encontrarse a un nivel menor, sin llegar tan lejos. Tal vez seas de las personas que tienen cuatro o cinco latas de garbanzos o nueve latas de atún, o tres paquetes de briks de leche para una familia de dos miembros. Por ahí se empieza.

Tampoco se trata de tener la casa como la celda de santa Teresa, en absoluto. Se trata de tener una cantidad lógica de cosas de acuerdo con el uso que le vamos a dar. Si no vas a consumir más de dos botes de garbanzos en un mes, ¿por qué tener cinco? Si solo necesitas guardar las facturas o declaraciones de los últimos cinco años, ¿por qué tienes las de los últimos doce?

En muchos casos, la respuesta será algún tipo de miedo, comportamiento heredado o los famosos «por si», planificaciones para situaciones que raramente llegan a ocurrir. En otros casos, en cambio, será simple dejadez.

En cualquier caso, es evidente que esta es una situación que nunca debería darse. La acumulación, como ya hemos dicho, trae consigo muchísimos problemas y es el enemigo número uno de la armonía y la paz interior, da igual que hablemos de ropa, papeles o alimentos.

Una casa no es una biblioteca

Siento decir esto porque sé que es el sueño frustrado de miles de personas, mi marido incluido, pero es así. Una casa no es una biblioteca, ni siquiera una pequeña.

A lo largo de nuestra vida, acumulamos cientos y cientos de libros y, aunque queden preciosos en la estantería, me jugaría una cena a que la mayoría no los has leído más de una vez. De hecho, seguro que todavía tienes unos cuantos por leer.

Me parece perfecto y muy recomendable que guardes aquellos libros que significan algo especial para ti, que relees cada cierto tiempo o que te inspiran. No hay nada de malo en ello. Otra cosa muy distinta es guardar también todos los demás porque quedan bien en las estanterías, porque no sabes qué hacer con ellos o porque te da pena tirarlos.

Si eres un amante de la cultura, sabes que lo mejor que puedes hacer por ella es compartirla, así que podrías donar tus libros sobrantes a la biblioteca o a cualquiera de las decenas de organizaciones que recogen libros por todo el país, o incluso venderlos a alguna tienda de segunda mano, que los volverá a poner en el mercado a precios más asequibles.

Si todavía dudas, piensa que es un gesto que puede hacer que algunas de esas maravillosas historias que te han hecho viajar y aprender lleguen a otras personas que no pueden permitírselo, personas con una vida difícil. Regalar sueños no es poca cosa.

Las estanterías de tu casa deben tener exactamente lo que han de tener: ni un papel ni un libro de más. Todo lo que sobra es espacio vacío, un hermoso espacio que, bien administrado, te va a transmitir paz, serenidad y relax.

¿Quieres una prueba rápida? Abre Internet y busca imágenes de interiores de templos zen o de esas grandes obras de arquitectura con amplios espacios vacíos. ¿Qué sensación te transmiten? ¡Bingo! Eso es lo que estamos buscando, aunque a un nivel mucho más cotidiano.

Obviamente, no voy a pedirte que tu salón se convierta en una enorme estancia vacía con un cojín en el centro, aunque sería muy evocador. Lo que intento es que consigas crear pequeños espacios zen a lo largo de toda la casa; por ejemplo, dejando una balda de la estantería casi vacía, con tan solo un cactus o un objeto especial que has traído de tus viajes.

Eso no solo aligera el espacio y crea un pequeño recoveco de calma, sino que da protagonismo a ese pequeño objeto y lo hace aún más especial, más significativo. Multiplica esta sensación en pequeños rincones escogidos de toda la casa y empezarás a ver por dónde van los tiros. La clave es que dispongas estos rincones de espacio vacío a una altura entre el ombligo y la cabeza, más o menos, y que ocupes las zonas inferiores y superiores, que están más alejadas de la vista.

De todos modos, no te preocupes por esto ahora, lo trataremos en profundidad más adelante.

Una casa no es un *chiquipark*

Lo sé, lo sé, es muy tentador. Como pasa en cada generación, queremos que nuestros hijos tengan lo que nosotros no pudimos, que naden en un mar de abundancia y felicidad infinitas; esa es nuestra manera de protegerlos, de demostrarles de algún modo cuánto nos importan. Lo sé porque yo también tengo una niña.

Y, sin embargo, todos sabemos que con lo que más disfrutan los niños es con palos y piedras, con conchas, papeles y trozos de tela, objetos que su imaginación convertirá en lo que necesiten: monedas, alienígenas, ciclistas...

La realidad, al menos la que yo he descubierto, es que intentamos vivir a través de nuestros hijos lo que hubiéramos querido para nosotros; por eso les compramos, por ejemplo, esa casa de muñecas increíble que no nos han pedido. También ocurre que queremos hacerles vivir más rápido de lo que les correspondería por su edad, probablemente inducidos por la voracidad de nuestra sociedad, empeñada en que lo consigamos todo en el menor tiempo posible. Así, nuestros niños acaban teniendo bici antes incluso de caminar con seguridad.

Al final, lo que conseguimos con todo esto es convertir nuestra casa en una inmensa juguetería, solo para descubrir que los niños lo único que hacen es tirarlo todo por el suelo en un momento y apenas usar nada. Tienen tantas cosas que no saben qué hacer con ellas.

Como siempre, me gustaría mostrártelo con un ejemplo. Si recuerdas los primeros cumpleaños de tus hijos, o si has estado recientemente en el de un sobrino o el hijo de algún amigo, te habrás dado cuenta de que, con la ingente marea de regalos que recibe un niño en una fiesta infantil, lo único que se consigue es inducirlo a una especie de excitación salvaje que lo lleva a abrir un regalo tras otro de forma compulsiva, sin apenas fijarse en su contenido.

Lo habitual es que, en unos minutos, todos esos superregalos queden apilados en una mesa, abandonados, mientras el niño juega con sus amigos y los familiares le preguntan, con cara de circunstancias: «Pero ¿te ha gustado?», y comentan con los padres, algo avergonzados: «Pues no le ha hecho mucho caso». ¿No es un poco triste? Pues pasan los años y la cosa no mejora, no; va a peor.

Si eso es lo que vivimos en nuestra niñez, habitaciones a reventar de juguetes y cumpleaños que son una oda al consumo descontrolado, ¿qué esperamos hacer de mayores?

5.
El orden y los espacios

El *feng shui* o la búsqueda de la armonía en el espacio

El *feng shui* es, con probabilidad, la corriente dedicada a la búsqueda de la armonía en el espacio más conocida en Occidente, pero no es la única. Otras corrientes o conceptos como el *vastu shastra*, el *wabi sabi* o el *wu wei* han servido, a lo largo de los años, para generar diferentes escuelas de pensamiento que tratan de aunar filosofías de vida con la organización de espacios.

No obstante, todas ellas se basan en el mismo principio: el de intentar vivir de forma más sencilla, sin acumular objetos que no aportan nada a nuestras vidas, y colocar el resto siguiendo una lógica.

No vamos a tratar al detalle lo que el *feng shui* aconseja para diferentes estancias o elementos, ya que eso ocuparía un libro entero, o incluso más de uno, y ya se han publicado obras magníficas sobre el tema. Pero sí veremos algunas pinceladas.

Uno de los conceptos primordiales del *feng shui* es que si quieres que la prosperidad y la abundancia lleguen a tu vida, debes hacerles sitio. ¿Y cómo les hacemos sitio? Pues librándonos de lo que nos sobra, de lo que ya no tiene sentido para nosotros. Efectivamente, es lo que nosotros llamamos un «sin piedad».

Otro de los elementos fundamentales, y en el que nos centraremos en este momento, es la necesidad de que el *qi* fluya correctamente y sin estorbos por la casa. Esto significa que debemos permitir que haya espacios vacíos y libres por toda la vivienda.

Una recomendación que se da siempre, a modo de ejemplo, es despejar el centro de todas las habitaciones, dejarlo sin muebles, sin objetos decorativos, sin nada. Debe estar libre para que las personas puedan circular sin estorbos por la habitación, moverse sin darse golpes en las rodillas con la típica mesa de centro o sin tropezar con unas ánforas decorativas.

Otro punto que yo suelo tener muy en cuenta para que el *qi* fluya libremente es utilizar, en la medida de lo posible, muebles que queden por debajo de la altura del pecho, idealmente del ombligo para abajo. Esto hace que nuestra línea visual, aquello que vemos inmediatamente por quedar a la altura natural de nuestros ojos, quede libre de objetos y muebles. Este vacío visual transmite sensaciones de paz mental, organización y limpieza.

Echa un vistazo al arte decorativo tradicional japonés, coreano o chino y te darás cuenta de que, en su mayoría, disponen de muebles bajos y tratan de mantener vacía esa línea visual. Ese es el secreto del zen decorativo.

Por supuesto, esto no siempre es posible. Todos tenemos estanterías de dos o más metros, muebles altos de cocina y elementos similares. ¿Cuál es el truco para que no se conviertan en el armatoste de la habitación o en el punto negro de nuestro yin?

Bueno, hay varios trucos para esto. El primero y más evidente, en cuanto a los armarios, es incrustarlos en la pared, convertirlos en parte de esta; es lo que hacemos con los armarios empotrados, una grandísima idea que permite combinar un gran poder de almacenamiento con una buena limpieza visual.

Para las estanterías, el truco radica en dejar más o menos vacía la balda que queda a la altura del pecho. Imagina que tienes una estantería de unos dos metros con, no sé, unas seis baldas, contando la de la parte superior e inferior. Bien, los dos estantes de abajo podrían estar bien cargados, ahí no hay problema porque nuestros ojos raramente se van a dirigir a la línea del suelo.

Las baldas tres y cinco, desde el suelo, convendría que albergaran pocos elementos y de colores claros. Por ejemplo, podrías poner en ellas tres cajas blancas grandes en las que guardes los papeles o un par de cajas y algunos libros (pocos y todos de los mismos tonos de color). Evita aquí las colecciones de libros o cualquier cosa que no siga un mismo patrón de color.

La balda cuatro, que nos quedó en medio, debería ser la que, más o menos, quede a la altura del pecho. Yo dejaría esa balda prácticamente vacía, tal vez solo con una caja o un par de elementos decorativos. Lo que sea que decidas poner ahí tiene que ser muy sutil, casi espartano. El vacío total no funcionaría, se vería forzado, es mejor poner uno o dos objetos que llenen algo el espacio. Es un sitio ideal para tener un elemento de esos que te trae recuerdos especiales, como esa pequeña estatuilla que trajiste de tu viaje a Camboya. Así, seguro que, varias veces al día, tu vista se centrará en ese objeto, que te traerá recuerdos felices y relajantes, sonreirás y seguirás alegremente con tu rutina.

Finalmente, la balda superior también debería estar bastante descargada, no queremos que parezca un trastero. Podríamos poner alguna caja pequeña, tal vez algún elemento decorativo, como un cesto o un candil. Ten en cuenta que si pueden ser elementos transparentes, que dejen pasar la luz, mejor que mejor, ya que este tipo de objetos, al no ser opacos, cuentan para nuestra vista como medio objeto o menos.

Si quieres realizar un rápido experimento, haz la siguiente prueba: elige una estantería de casa, cualquiera. Vacía la parte superior y coloca allí una caja negra de, al menos, treinta centímetros de alto. Muévete por la habitación y fíjate en las sensaciones que transmite. Observarás que casi siempre puedes verla por el rabillo del ojo. Es lo que yo llamo el «efecto armatoste».

El efecto armatoste es el efecto que produce un objeto que llama demasiado la atención y que, además, por cómo está situado, parece tan voluminoso que resulta molesto, cargante.

Quita ahora esa caja negra de la parte superior de la estantería, coloca en su lugar un jarrón de cristal vacío y repite la prueba: paséate por toda la habitación y observa el efecto que te provoca. ¿Te das cuenta? Por eso es tan importante tener en cuenta qué objetos colocamos en determinados lugares, su forma, su volumen y su color. No sirve buscar un hueco y simplemente meter lo que sea que queramos guardar allí, porque nos dará la sensación de tener una casa cargadísima y no estaremos a gusto aunque contenga menos cosas. Existen más lecciones importantes que aprender del *feng shui*, pero, sin duda, esta es una de las más importantes: el poder del vacío.

Teoría del color aplicada al orden

La teoría del color se estudia en muchas disciplinas: decoración, fotografía o casi cualquier rama del diseño, del gráfico al industrial. Lleva estudiándose muchísimos años y pensadores tan notables como Aristóteles, Newton o Goethe ayudaron a darle forma con el paso de los siglos. Así que, créeme, no es algo como para ignorar.

El color influye en muchísimas facetas de nuestra vida diaria, más incluso de lo que imaginas. Existe hasta una rama de la psicología, llamada *psicología del color*, que estudia las reacciones humanas en función de los colores a los que uno se expone y que se basa en las primeras investigaciones de Goethe.

Por eso debemos prestar atención, y mucha, a los colores con los que vestimos nuestros espacios. El *feng shui* también ofrece una serie de guías en las que se establecen con claridad los diferentes tonos que debemos utilizar en función de la finalidad de la habitación, su orientación con respecto a los puntos cardinales y otras variantes. No obstante, en esta ocasión no vamos a hablar de ello. Personalmente, he notado que dichas guías se rigen, muchas veces, por el gusto estético oriental, que no casa demasiado bien con nuestras costumbres.

En lugar de eso, te explicaré algunas normas básicas de teoría del color para que aprendas a aplicar sus principios en función de tus gustos.

Intensidad del color

Como te contaba, nuestra fisiología reacciona ante diferentes colores e intensidades. El uso de colores muy fuertes te transmitirá excitación y energía, por lo que puede ser ideal para entornos de trabajo, pero muy desaconsejado para una casa en la que buscas relax y descanso.

En cambio, utilizando tonos suaves y neutros, como los empleados habitualmente en la decoración nórdica, conseguimos transmitir calma y serenidad. Yo siempre describo la decoración nórdica como eso que sientes cuando estás sentado en un cómodo asiento, un día de frío invierno, con una manta amorosa por encima y una taza de té caliente en las manos mientras contemplas un hermoso paisaje por la ventana.

Porque los colores, la decoración y la organización de los espacios se traducen en eso, en sensaciones. Con esto quiero decir que, cuando eliges los colores para tu hogar, no debes centrarte solamente en cuál es tu color favorito o en si te gusta o no. Por supuesto, que te guste es fundamental, pero debes ser consciente de que tus elecciones van a producir sensaciones y que tal vez no sean las que estás buscando.

Por ejemplo, es sabido que los colores fuertes, aplicados a las paredes o los techos, reducen el espacio, mientras que los colores claros lo amplían, hablando siempre de percepciones visuales, por supuesto.

Por ello, si tenemos una sala enorme y queremos conseguir una sensación más acogedora, utilizaremos como color primario uno fuerte y cálido como el naranja. En cambio, si tenemos una sala pequeña, el blanco hará que parezca mucho más amplia.

Así pues, el color y su correcta aplicación forman parte de mi método de orden, porque no busco el orden como fin, sino como un medio para ayudarte a conseguir una vida mejor, más tranquila y más feliz y, como ves, los colores que utilices en tu casa tienen mucho que ver en todo esto.

Armonía cromática

La armonía, por definición, es el equilibrio, proporción y correspondencia adecuada entre los diferentes elementos de un conjunto. Aplicado a nuestro hogar, entonces, sería el equilibrio, la proporción y la correspondencia adecuada entre los distintos colores que forman parte de la decoración de un espacio.

La armonía cromática se basa en dos pilares fundamentales: una gama de colores limitada, que no convierta una habitación en un circo, y que los colores seleccionados armonicen entre sí.

Para limitar correctamente los colores podemos seguir la regla 60-30-10. Por si no la conoces, esta regla exige que utilicemos un máximo de tres colores principales para todos los elementos de una habitación. Uno primario, que ocupará el 60% del espacio; otro secundario, que ocupará otro 30%, y, finalmente, un último 10% para los detalles.

¿Solo tres colores? ¿Qué haríamos entonces con una estantería con decenas de libros de distintas encuadernaciones? ¿O con nuestras colecciones de marcos de diferentes formas y colores? El primer caso, lo habrás visto muchas veces, se soluciona utilizando estanterías con puertas, muy típicas en las bibliotecas. El segundo caso, en cambio, es algo que debes tratar de evitar siempre.

Además de esto, los colores se pueden dividir en tres categorías: colores cálidos, fríos o neutros.

Dentro de los cálidos tendríamos los rojos, naranjas, marrones, los tonos de las maderas naturales, etcétera. La gama de los fríos estaría compuesta por azules, malvas y verdes, y, finalmente, los tonos neutros serían los grises y blancos.

Personalmente, yo siempre me inclino por tonos cálidos o neutros, aunque esto dependerá mucho del clima o de la zona geográfica. No es casualidad que, en las zonas de mucho calor o pegadas al mar, se tienda a utilizar la gama fría de colores, mientras que en las zonas de interior y frías se opte más por los tonos cálidos.

Volviendo de nuevo a la regla 60-30-10, si lo que quieres es primar las sensaciones de orden y limpieza, te recomiendo que emplees siempre, como color primario (aquel que ocupará el 60 % del espacio), un tono neutro; concretamente, el blanco. Es el color que mejor refleja la luz y el que, por tanto, iluminará más nuestros espacios, nos transmitirá mayor optimismo y tranquilidad. Es un color que transmite fuerza y vitalidad, pero desde la calma.

Para el siguiente 30 %, yo elegiría tonos de madera clara natural combinados con madera real, poco tratada. La madera poco tratada y de tonos claros nos conecta con la naturaleza, guarda un componente salvaje que nos conecta con nuestros instintos más primarios y que nos ayuda a relajarnos y a sentirnos en casa.

Haz una prueba: cierra los ojos y piensa en las sensaciones que te transmite un bosque, una cabaña de madera o incluso un aserradero, y ahora piensa en lo que te transmite una habitación que hayas visto pintada en varios colores o en pocos pero muy fuertes. Yo recuerdo, por ejemplo, la habitación de una amiga que estaba pintada de azul marino o un salón de color naranja.

La próxima vez que diseñes la decoración de tu hogar, no pienses en colores, piensa en sensaciones.

6.
El orden y el tiempo

El tiempo también se ordena

Al hablar de orden, inevitablemente hay que hablar de tiempo. El orden y el tiempo están íntimamente relacionados. Una casa bien ordenada y organizada nos permitirá ganar mucho tiempo, mientras que una que no lo esté nos robará muchas horas.

Quizá no te habías dado cuenta aún, o puede que sí, pero el caso es que el tiempo también puede ordenarse. De hecho, existen muchos expertos y organizadores especializados en gestión del tiempo y en cómo alargar al máximo las veinticuatro horas de las que disponemos cada día.

Antes de soñar con dominar el tiempo, lo primero que necesitas es entender un par de conceptos importantes sobre este. El primero es que el tiempo solo puede ordenarse cuando se mide, así que medir el tiempo que tardas en llevar a cabo determinadas tareas te ayudará a colocarlas en el orden correcto para poder sacarle más partido a tu día, por ejemplo, aprovechando esos quince minutos muertos que tienes durante la comida, en el trabajo, para solucionar gestiones que puedas llevar a cabo por Internet.

Lo segundo que debemos aprender del tiempo es que el orden de las tareas influye en el tiempo que tardamos en llevarlas a cabo. Por ejemplo, tardas menos si guardas la ropa después de doblarla y si la doblas seguidamente de recogerla del tendedero, porque tu cabeza está concentrada en lo que está haciendo.

Si al tiempo que recoges la ropa la vas doblando, colócala en la cesta en la posición que te resulte más cómoda para guardarla. Imagina que tienes la ropa de una mujer, de un hombre y un niño. Lo ideal sería colocarla agrupada por cada persona y cada tipo: camisetas de hombre al lado de pantalones de hombre, calcetines de niño al lado de camisetas de niño, etcétera. De este modo, cuando llegue la hora de guardarla, bastará con que vayas cogiendo por grupos todo lo que has doblado: guardarás la ropa en un santiamén.

En cambio, si recoges la ropa del tendedero, la dejas a un lado para hacer otra cosa y vuelves para guardarla o doblarla al día siguiente, igual ya ni te acuerdas de cómo la colocaste ni por qué. Además de que, si no doblaste la ropa al recogerla, seguramente tendrás que planchar más ropa de la necesaria.

Para terminar, el último concepto con el que quiero que te quedes es con que el tiempo es relativo. Eso es algo que nos llevan diciendo desde el colegio, que todo el mundo sabe, pero que poca gente entiende realmente; voy a enseñarte cómo funciona con un ejemplo, que es lo que a mí me funciona mejor.

Siéntate en el sofá, elimina todos los ruidos o quita la música que tengas puesta, coge un reloj y obsérvalo por espacio de sesenta segundos. Tic tac, tic tac; lento, ¿no? En cambio, ¿qué sensación tienes de un minuto cuando llegas tarde a trabajar o cuando navegas por los infinitos mares de Internet?

Por eso, porque el tiempo es relativo, es importante que seas consciente de cómo te afectan las situaciones y distracciones del día a día. Si quieres dominar el tiempo, debes conocer qué cosas hacen que este «vaya más rápido» y qué otras hacen que «vaya más lento».

Una vez que sabes realmente lo que dura el tiempo, es necesario que asumas lo que tardas en hacer cada cosa; por ejemplo, cuánto tardas realmente en salir de casa por la mañana. Piensas que en quince minutos estás listo, pero la realidad es que sales unos ocho minutos tarde todos los días, por lo que realmente tardas veintitrés minutos en salir de casa y no quince. Esos pequeños detalles hacen que vayas con prisa o no, que cojas el atasco de la hora punta o no y que empieces la mañana enfadado y estresado o no.

También, si sabes que te encanta utilizar las redes sociales y coger el móvil es el equivalente a entrar en un agujero de gusano en el que el tiempo pasa asombrosamente rápido, deberías procurar dejarlo bien lejos si pretendes limpiar el baño en cinco minutos o arreglar el salón en diez. Si estás pendiente de WhatsApp o Instagram mientras quitas el polvo, la tarea te llevará una hora en lugar de diez minutos y tendrás la sensación de que llevas todo el día limpiando y que no tienes tiempo para nada. Seguro que te suena.

Con todos estos datos puedes empezar a ordenar tu tiempo desde la realidad y con conciencia. Conócete a ti mismo y, sobre todo, no te engañes nunca.

Planificación de las comidas

Desayunar, comer, merendar, cenar y picar algo es una actividad que repetimos diariamente y que nos ocupa muchísimo tiempo, tanto que ni siquiera somos conscientes de las horas que dedicamos al ritual diario de la comida. Vamos a hacer algunos números.

El día tiene veinticuatro horas, de las cuales dedicamos ocho a trabajar, otras ocho a dormir (con suerte) y al menos una en traslados al trabajo: nos quedan siete de tiempo libre. De esas siete horas, calcula cuánto tiempo dedicas no solo a comer, sino también a pensar qué vas a hacer de comer y cenar, cocinar, la lista de la compra, ir a comprar al supermercado (con sus colas), porque, al fin y al cabo, todas esas acciones están relacionadas con la comida diaria. Yo he calculado que, *grosso modo*, eso podría llevarnos unas tres horas diarias de promedio, dependiendo de si eres de quienes hacen la compra mensual o bajan a la tienda día sí, día no, de si comes mucho producto fresco, de si cocinas recetas rápidas o eres de platos más complejos, etcétera.

Es decir, aproximadamente la mitad de tu tiempo libre lo dedicas a comer o a actividades relacionadas con la comida. El resto del tiempo, cuatro horas diarias, es lo que te queda para ver la tele, hacer alguna actividad fuera de casa, tender, planchar, limpiar, salir de compras, etcétera. No es mucho, ¿verdad? Eso si no tienes niños.

Si tienes niños, sé que en este momento estás haciendo otros cálculos y te habrás dado cuenta de que, con suerte, te queda una hora real de tiempo libre (en la que te tiras agotado en el sofá), y estás empezando a entender el porqué de ese agotamiento constante y de esa sensación de no tener tiempo para nada.

Hay tiempos que resultan algo más difíciles de reducir. Comemos porque es nuestra necesidad más básica, así que no, no te voy a aconsejar que dejes de comer, sería fácil pero poco práctico. Lo que sí te puedo decir es que hay muchísimo margen de mejora en cómo administramos el tiempo que dedicamos a las labores relacionadas con la comida.

Planificar ciertas rutinas y técnicas, como los menús o la lista de la compra inversa,[1] te permitirá ahorrar muchísimo tiempo todos los días y, créeme, es en estas pequeñas acciones constantes y diarias en las que un pequeño cambio puede suponer una gran diferencia, porque la mejora es exponencial. Piensa que una mejora de diez minutos en cada comida será

---

1. Es decir, preparar una lista de la comida almacenada en casa para planificar los menús del mes y cumplir con un objetivo específico: cero comida a la basura.

una mejora de media hora diaria, y eso son más de tres horas por semana o catorce horas al mes, lo que da para mucho.

Tampoco hay que olvidar algunos de los efectos colaterales, por ejemplo, de planificar los menús mensuales. Cualquier persona que cocine en casa sabe que a lo peor que se enfrenta el cocinero o cocinera de la familia es a la duda de qué hacer de comer cada día. Evitar esa pregunta es evitar hastío, frustración y hasta enfado, además de que, con planificación, toda la familia comerá mejor y mucho más variado.

Otra de las ventajas es el dinero que te ahorras en la compra al evitar adquirir productos de más, ya que, al confeccionar la lista de la compra mensual, ya sabes que tienes en casa todo lo que necesitas para cocinar.

¿Y por qué mensualmente y no semanalmente? Pues muy sencillo, para ahorrar tiempo. Puedo asegurarte que tardarás casi lo mismo en preparar un menú para una semana que para un mes. Puede que no la primera vez, pero, en cuanto lo hagas para tres o cuatro meses, podrás recuperar la planificación de un mes anterior y repetirla tranquilamente. Es decir, la planificación de menús es un trabajo que, una vez hecho, es muy fácil de reutilizar, con lo que cuantas más veces planifiques tus comidas mensuales, menos tiempo emplearás en ello.

Los cambios de estación

Las casas, para que resulten útiles y agradables en cada momento, deben adaptarse constantemente a los cambios en nuestra vida y en nuestro entorno. Por ello, el pensamiento occidental tradicional de «montar la casa» y olvidarse de ella durante años no tiene ningún sentido, además de ser contraproducente.

Aunque tenemos cuatro estaciones durante el año, podemos decir que, con respecto al orden, existen solo dos cambios importantes: el cambio de primavera, que se produce en abril-mayo, y el cambio de otoño, que se da sobre finales de octubre. Tenemos que aprovechar esas fechas para hacer una limpieza a fondo de nuestra casa y un cambio más profundo.

Durante la limpieza de primavera nos preparamos para la llegada del calor, retiramos los textiles invernales, como las mantas, las colchas y las alfombras gruesas, y cambiamos gran parte de nuestro armario para adaptarnos a las nuevas temperaturas. Evidentemente, el mes o el día exacto dependerá mucho de la zona en la que vivas, no es lo mismo el abril andaluz que el irlandés.

En este momento debes aprovechar para lo que, en el *feng shui*, se conoce como «limpiar las energías negativas». Se trata de llevar a cabo una limpieza profunda de la casa, incluyendo la parte interior de los muebles, bajo la cama e incluso el sofá, que te llevará a descubrir todo un mundo que se ha ido formando allí debajo durante el invierno.

Aprovecha también para hacer un «sin piedad» y elimina todo aquello que ya no te guste, que se haya desgastado, que no vayas a usar el próximo invierno o que, simplemente, ya ni siquiera recuerdes para qué lo compraste.

Yo incluso te recomendaría ir un paso más allá. Si tienes

espacio de almacenaje suficiente, puedes cambiar las cortinas por unas de gasa que dejen pasar la luz del sol, comprar algunas flores de temporada y distribuir estratégicamente aromas esenciales frescos.

Y, cuando termines, date un pequeño homenaje. Si te gusta cocinar, regálate una pequeña celebración personal, algo íntimo, prepara algún menú que te recuerde a las noches de terracita bajo las estrellas, tal vez una *burrata* con tomates ecológicos y albahaca fresca. Si no quieres cocinar, entonces sal y date un pequeño lujo tranquilo, un capricho.

¿Para qué toda esta parafernalia? Principalmente, porque no quiero que veas este momento como un pesado día de trabajo de esos que a nadie le apetece hacer. Lo que quiero es que conviertas ese momento en una pequeña celebración, un momento de cambio, un momento para limpiar y olvidarte de todo lo malo que te haya podido pasar, para reciclarte y empezar de nuevo con fuerzas renovadas. Es un momento de regeneración para tu casa y para ti, y es importante empezar estos momentos con algo especial que te motive y te alegre.

La vida, muchas veces, es tan dura o tan dulce como nosotros queramos verla. Tenemos un poder increíble para cambiar las cosas del que no somos conscientes. Te invito a que lo descubras convirtiendo un momento de trabajo que da pereza en un momento especial que afrontar con una sonrisa en los labios. Te garantizo que hasta contarás los días que faltan para que llegue el día de limpieza general (y hasta lo adelantarás muchas veces).

Para la limpieza de otoño debemos repetir la misma operación, pero en sentido inverso. A veces puede parecernos un momento triste porque dejamos atrás los largos días de verano, la playa y el sol, pero también vamos a dar la bienvenida a las tardes de mantita y sofá, al chocolate calentito y los bollos de canela o al olor a pan o bizcocho recién horneado. El invierno es mágico y romántico, es entrañable y nos llena de momentos únicos e irrepetibles.

Al final, si te fijas, se trata de disfrutar de las cosas buenas y dejar de concentrarnos en todo lo malo, de dar la vuelta a lo que no nos gusta para darle un nuevo significado. Tenemos el increíble poder de hacer eso y mucho más. Algunos de nuestros problemas más frecuentes se deben a que enfocamos erróneamente las situaciones y el día a día, dejándonos llevar por una corriente de enfado y hastío que nos consume. Cambia el chip, hazte una limpieza de temporada y date una nueva oportunidad.

La clave de un buen día: rutinas de mañana y de noche

Un día laboral en la vida de cualquier persona consiste en cumplir con un pequeño ritual de rutinas que la lleva a realizar siempre las mismas acciones y que, precisamente por eso, suele terminar con las mismas sensaciones y los mismos resultados. Aun así, poca gente es consciente de que es posible modificar esta dinámica sin demasiado esfuerzo. Por mi experiencia, opino que se debe a que la mayoría ni siquiera se ha parado a pensarlo.

Creo mucho en los comienzos y por eso animo habitualmente a hacer borrón y cuenta nueva. Cada nuevo comienzo es una nueva oportunidad para hacer mejor las cosas, para sentirnos más a gusto con nosotros mismos y nuestro entorno y para conseguir vivir más tranquilos y más felices. Y así veo cada nuevo día, como un nuevo comienzo, porque al fin y al cabo, ¿sabe alguien lo que ocurrirá en una hora o en seis? La vida cambia en un solo minuto, para bien y para mal, así que yo he decidido pensar que todo puede mejorar cada día; pero tengo un truco, porque la mente no funciona a base solo de buenos propósitos, hay que darle un empujoncito.

La buena mañana empieza por la noche

Si quieres tener un buen día, empezar con mal pie no es una opción. Si ya sales corriendo de casa, o enfadado porque la camisa que querías ponerte está arrugada, o porque no te ha dado tiempo a ducharte, vas a empezar el día torcido y con una actitud negativa.

Por ello, es importante que intentemos mimar nuestras mañanas. ¿Quién no ha suspirado viendo esas mañanas de película de televisión cuyos protagonistas salen a hacer *footing*, se duchan y desayunan con calma leyendo el periódico? ¿A qué hora entran a trabajar? ¿A las doce? Yo no puedo hacer que entres más tarde a trabajar, pero sí puedo ayudarte a que arranques mejor el día con algunas pequeñas pautas.

Probablemente lo más sorprendente que me vas a escuchar decir es que, para tener una buena mañana, no hay que centrarse demasiado en la mañana en sí. Curioso, ¿no? Pues así es, y es que la clave de la mañana, realmente, está en la noche anterior.

Mi propuesta es llevar a cabo una pequeña rutina de noche que no te llevará más de quince o veinte minutos, o menos dependiendo de a qué te dediques, si vives solo o si tienes muchos hijos. Te aseguro que serán unos de los minutos mejor aprovechados de todo el día.

Lo primero que tienes que hacer es recoger todo lo que haya quedado tirado por la casa, como los juguetes de los niños, los zapatos, la ropa del trabajo o la bolsa del gimnasio. Si no has sido disciplinado como para dejarlo todo colocado en el momento adecuado, entonces esta es tu segunda oportunidad. Antes de acostarte, debe estar todo en su sitio.

Lo mismo ocurre con los platos de la cena y la cocina. No hace falta que quede como para que pase el mayordomo de Tenn. Simplemente lava los platos, recoge lo que haya quedado por la encimera y pasa un trapo rápido. No buscamos un sobresaliente en limpieza; en este momento, el aprobado es nuestro objetivo.

¿Qué busco con esto? Busco que cuando te levantes y mires a tu alrededor, no veas un montón de trabajo pendiente, caos y suciedad. Haz memoria y piensa en cómo te sientes cuando, al levantarte, la casa está perfecta y en cómo te hace sentir verla hecha un desastre. Todavía no has hecho nada y, en tu cabeza, el día ya empieza a torcerse.

Segundo truco: deja preparado todo lo que necesites para el día siguiente. No me refiero solo a la ropa, que por supuesto también, sino a las mochilas del cole de los niños, el bolso, la cartera o cualquier otra cosa que «no se te puede olvidar». Por la noche, dentro de lo que cabe, no tenemos demasiada prisa y podemos hacer estas cosas con calma; si pretendemos hacerlas por la mañana, cuando ya vamos tarde, es muy probable que se nos olvide algo.

Si eres de los que usan *planners* y agenda, como yo, te recomiendo también que revises qué es lo que te espera al día siguiente. Tal vez no recuerdes que tienes reunión o que, después de recoger a los niños en el cole, habías quedado. Son circunstancias que pueden requerir un cambio de ropa o preparar algo especial. Si no eres de agendas, ¿a qué esperas para serlo? Da igual que sea física o digital, que utilices una Moleskine, una agenda monísima o una *app* como Google Keep o Evernote, es importante tener la costumbre de usar algo así. ¿Por qué? Pues porque cuando tienes el hábito de apuntar tus recordatorios y revisar tus notas, el descanso mental que sientes es enorme. Si no lo haces, tu mente tiene que estar constantemente recordándolo todo. Seguro que te suena lo de estar en el trabajo o andando por la calle y pensar: «No se me puede olvidar que…». Esto supone un esfuerzo mental enorme y, además, bastante absurdo. Haz la prueba.

Volviendo a nuestra rutina de noche, solo nos quedaría un paso más: deja preparado todo lo que puedas del desayuno del día siguiente. Prepara la mesa, coloca el frutero, los cereales..., ya sabes, todo aquello que no necesite estar en nevera. La regla de oro para la rutina de mañana es «evita pensar por las mañanas». Si quieres tener una mañana tranquila, debes dejar que todo funcione en modo automático, que la mente pueda despertarse poco a poco. Para eso, como digo, lo mejor es dejar preparado por la noche todo lo que puedas necesitar, así tendrás la seguridad de que todo está bajo control, podrás ir con calma, habrás ganado muchísimo tiempo y podrás disfrutarlo, por ejemplo, desayunando tranquilamente.

La rutina de mañana de diez

Los puntos que acabamos de ver, en cuanto a preparar un buen día y la rutina de noche, son los básicos. No obstante, todavía podrías hacer algo más para bordarlo y sentirte mejor.

En primer lugar, olvídate del móvil. Como ya habrás comprobado infinidad de veces, el móvil es el enemigo número uno de la productividad, es un agujero negro que devora nuestro tiempo a una velocidad asombrosa, perdidos por los infinitos contenidos de los periódicos, las redes sociales y las notificaciones. Eso está muy bien cuando puedes dedicarle tiempo y desconectar, pero no es el caso de las mañanas, en las que, por norma general, disponemos de muy poco tiempo. Así que intenta olvidarte del móvil hasta ese segundo antes de salir de casa, y si digo que hay que mirarlo antes de salir, es porque podría haber algo importante que necesites saber.

Otro buen truco para mejorar nuestras mañanas y, además, mejorar también nuestro descanso, es trasladar la ducha de la mañana a la noche. Es buena idea eso de ducharse por la mañana para empezar el día fresco y quitarte la modorra y el sudor nocturno, sobre todo en verano. No obstante, no es peor idea quitarse el mismo sudor y la suciedad del día entero antes de meterse en la cama. Durante el ritual del baño regulamos nuestra temperatura y nos relajamos, lo que facilita un descanso mucho más efectivo.

A mí, por ejemplo, que me confieso más de baño que de ducha, me gusta reservarme esos momentos después de acostar a mi hija para disfrutar de una bañera tranquila, con mis sales y mis pequeños rituales de belleza, sin prisas, como solo puedo hacerlo a esas horas. Eso hace que las tensiones de mi cuerpo desaparezcan, me ayuda a dormirme antes y mejor, y me ahorra mucho tiempo durante la mañana.

Finalmente, respecto a orden del hogar, te recomendaría dejar limpio todo lo del desayuno, hacer la cama y, si puedes, dejar a tu robot aspirador encargándose de la casa mientras estás trabajando. Como siempre, vamos a visualizarlo para ver el porqué de todo esto.

Imagina un día agotador, llevas horas fuera, estás cansado y abres la puerta de tu casa dispuesto a tirarte en el sofá. Pero nada más entrar por la puerta lo que ves son los restos del desayuno todavía en la mesa, resecos, la cama sin hacer y alguna pelusilla que se pasea alegremente por el suelo. Bajón. Lo primero que querrás hacer es darte la vuelta y bajarte a tomar algo con el primer amigo que te coja el teléfono.

En cambio, imagina ahora el mismo escenario agotador, pero, esta vez, al llegar a casa, lo encuentras todo limpio y aspirado, la cama hecha y la ropa recogida. Dejas tu abrigo en la percha y los zapatos en el zapatero, te sirves algo fresco y te tiras tranquilamente en el sofá a ver tu serie favorita, a leer o a no hacer nada. Ni siquiera querrás que te llame nadie. Estos son los pequeños detalles que convierten una vida difícil en una agradable. No los subestimes.

Medir el tiempo con música

Ahora me gustaría hablarte de una técnica tremendamente efectiva para mejorar el ánimo, reducir el estrés y sentirte mejor. Suena bien, ¿verdad?

Creo que no me equivoco si digo que no hay nada que refleje mejor la ansiedad y el agobio de nuestro insano estilo de vida que el tictac incesante, insensible y brutal de un reloj. ¡Arranca las cadenas, olvídate del reloj!

Muchos de los momentos más estresantes o agobiantes de nuestra vida los pasamos mirando un reloj; bien porque el tiempo no pasa, bien porque lo hace demasiado rápido. Salimos de casa con prisas y miramos el reloj a cada minuto. Llegamos tarde a una reunión, o a recoger a los niños, o va a cerrar el supermercado y miramos el reloj a cada rato. Esperamos una llamada importante y miramos el reloj sin cesar.

Sea como fuere, el reloj es un aparato demoníaco que nos colma de estrés y ansiedad. Es la antítesis del *slow life* y un recordatorio constante de que llegamos tarde a algún sitio o de que no nos va a dar tiempo de hacer algo.

Vivimos obsesionados por ganar tiempo, por tener días de 48 horas, pero ¿para qué? ¿Disfrutaríamos más con días más largos? ¿Invertiríamos ese tiempo en ser más felices? Seguramente, no. La clave no está en tener más tiempo, sino en aprender a disfrutarlo y a no obsesionarse con él.

Mi alternativa, mi propuesta para empezar a desligarnos de la tiranía de los minutos y segundos, no es otra que la música. Poca gente se ha parado a pensar en que se puede medir el paso del tiempo de muchas maneras. En el ámbito del deporte, por ejemplo, los entrenadores tienen calculado que dos series de veinte abdominales son un minuto. También cuando hacemos *footing* sabemos que nuestro circuito de una hora consiste en ir hasta un punto determinado y volver. Mi sistema preferido, sin embargo, es la música.

Es ridículamente sencillo saber cuánto tiempo dura una secuencia de canciones, ya sea el último álbum de nuestro artista favorito o una lista de reproducción de Spotify. Además, seguro que tú, como yo, sueles escuchar la música por rachas. Es decir, te gusta un artista o una lista de música determinada durante una temporada y lo escuchas todo el tiempo. Después te cansas y buscas algo nuevo, y así continuamente.

El caso es que somos capaces de memorizar, de forma casi innata, una lista de reproducción en muy poco tiempo.

Y esto lo hacemos de la mejor forma, de una forma sensorial y natural. Es decir, quizá no podamos recitar de memoria todos los artistas y canciones de la lista, pero es que eso es absurdamente inútil. Sin embargo, cuando se está terminando una canción, ya empezamos a tararear la siguiente sin apenas darnos cuenta.

Yo utilizo las listas de reproducción para crear secuencias de canciones que ocupen todo el tiempo de mis rutinas habituales; por ejemplo, mi rutina de mañana o el tiempo que tardo en ir a determinado sitio. Si estoy en la canción equivocada en un determinado momento, sé si voy demasiado rápido o si me estoy retrasando. No necesito usar un reloj para eso. Y si tengo dudas, siempre tengo el del móvil o el del coche a mano.

Acostúmbrate a dejar de usar el reloj y a medir tus tiempos con música. Te aseguro que la mejoría que notarás en cuanto a estrés, ánimo e incluso cansancio va a ser impresionante.

Deja de medir el tiempo y empieza a disfrutarlo; deja de medir tu vida y empieza a disfrutarla.

7.
El orden y la limpieza

La teoría de las ventanas rotas

A lo largo de mi carrera, he hecho siempre innumerables referencias a esta teoría de criminología que también puede aplicarse a muchos otros campos, desde la informática a la organización del hogar, y no podía dejar de reflejarla también en este libro, porque sus reglas y efectos son perfectamente aplicables a lo que nos ocupa, que es el modo en que el orden y la organización pueden cambiar nuestra vida de formas, a veces, inimaginables.

Veamos primero qué dice exactamente esta teoría con un extracto que lo explica muy claramente:

> Consideren un edificio con una ventana rota. Si la ventana no se repara, los vándalos tenderán a romper unas cuantas más. Finalmente, quizás hasta irrumpan en el edificio, y si está abandonado, es posible que acaben ocupándolo ellos y que prendan fuego dentro.

O consideren una acera o una banqueta: se acumula algo de basura; pronto, más basura se va acumulando; con el tiempo, la gente acaba dejando bolsas de basura de restaurantes de comida rápida o hasta asaltando coches.

Para probar esta teoría se llevaron a cabo un par de experimentos en zonas tan diferentes como el Bronx de finales de los años sesenta, un barrio duro, deprimido, pobre y abandonado, y Palo Alto, un barrio de clase alta en California. Los resultados fueron muy similares.

Si se dejaba aparcado un coche en buen estado, los vándalos tardaban varios días en atreverse a tocarlo. En cambio, si se le producían ciertos desperfectos que lo hiciesen parecer abandonado, el desvalijamiento era total en cuestión de horas.

Años después, la ciudad de Nueva York utilizó esta teoría como marco principal para sus políticas de seguridad ciudadana, centrándose en cortar de raíz los pequeños problemas y desórdenes, acciones tan tontas como colarse en el metro o ensuciar zonas públicas. El resultado fue que los índices de criminalidad se redujeron en más de un 50%, incluyendo homicidios y delitos graves.

Y esto, ¿qué tiene que ver con el orden en casa o en la vida? Pues todo. La teoría nos enseña que hay que atacar los problemas sin piedad cuando son pequeños porque, si no, van creciendo y se nos acaban yendo de las manos. Veamos algunos ejemplos.

¿Cuántas veces has dejado una carpeta o un bolso sobre la mesa del comedor? ¿Cuánto tiempo pasó hasta que lo guardaste? ¿Cuántas veces simplemente lo apartaste a un lado para hacer sitio? ¿No pasó que después de eso dejaste unos papeles, alguna caja o incluso algo de ropa pendiente de planchar o guardar?

Lo mismo puedes aplicar a tu cabeza. Tal vez hay algún detalle pequeño en casa que te molesta, o con el que no te sientes a gusto, pero no le haces mucho caso porque es una tontería; después aparece otro o se va haciendo más grande y más molesto, como es el caso de las acumulaciones de enseres en las habitaciones trastero o en las estanterías. Cuando te das cuenta, no estás cómodo en casa e incluso sientes una especie de presión agobiante.

¿Cómo puedes aplicar, entonces, esta teoría en tu día a día? Si sabes que esos papeles no deben estar sobre la mesa del salón, no los dejes allí; asegúrate de fregar los platos antes de salir de casa o guarda esa chaqueta que acabas de dejar sobre la silla. No dejes que las cosas se te vayan de las manos y muéstrate inflexible ante esos «no pasa nada». La diferencia está en los pequeños detalles.

Tener menos para limpiar menos

Muchas veces visito casas de clientes agobiados por la falta de tiempo, gente que siente que se pasa la vida limpiando y que, casi al acabar, ya tienen que volver a empezar. No obstante, no se han parado a pensar que su colección de más de doscientas figuritas expuestas en vitrinas, o el montón de recuerdos de viajes en las estanterías o los cientos de detalles decorativos sean un problema.

Hay una verdad evidente y universal: cuantas menos cosas tengamos, menos tendremos que limpiar. Y aún hay más, yo añadiría que cuantas menos cosas tengamos, mejor podremos limpiar y más rápido.

El ejemplo que pongo siempre es el de las encimeras de la cocina. Es un ejemplo muy bueno porque las cocinas siempre se llenan de grasa o de migas y restos de pan o azúcar. No son pocas las personas que, por más que limpian su cocina diariamente, siempre tienen la sensación de que está sucia.

Mi primera recomendación a este respecto es clara y concisa: las encimeras deben estar totalmente despejadas o, al menos, libres de todo aquello que no se use diariamente.

Piensa un momento, ¿cuánto tiempo tardarías en limpiar una encimera libre de trastos? ¿Cómo crees que quedaría?

Veamos ahora el caso contrario, un caso bastante más común de lo que parece. Imagina una cocina de tamaño medio, con un par de encimeras de unos dos o tres metros cada una. Ahora vamos a colocar encima los típicos enseres que se encuentran en la mayoría de las casas.

En primer lugar, una cafetera de cápsulas, que ahora parece que las regalan; el microondas, que también suele estar colocado en esta zona; el taco de cuchillos, un bote para los utensilios de cocina (el cucharón, el tenedor grande de trinchar, las tijeras y ese tipo de utensilios), una bandejita con el aceite y la sal y puede que algunas especias. En algunas casas, alcanzamos el segundo nivel con la tostadora, la sandwichera o la plancha. A esto vamos a sumarle platos que se estén secando y algún trapo que, seguramente, también ande por ahí.

Tal vez te parezca exagerado, pero te aseguro que este es el reflejo de una cocina media. A veces también me encuentro cajas de infusiones e incluso elementos de la compra que no caben en los armarios, como briks o cajas de cereales, o el frutero.

Bien, y esta cocina llena de trastos, ¿cuánto tardarías en limpiarla? ¿Cómo quedaría? Para que quede bien y dé sensación de limpieza, lo suyo sería retirar todo lo que hay encima de la encimera, limpiarlo todo bien (los electrodomésticos y demás utensilios de cocina tienden a llenarse de grasa) y volver a colocarlo todo. Sinceramente, no me extraña que la gente tarde una hora en limpiar la cocina.

Pues ahora aplica esta misma comparativa al salón, al baño, a las habitaciones, y te darás cuenta de por qué pasas tanto tiempo limpiando y por qué parece que todo siga igual.

Tener más cosas implica dos consecuencias claras: la primera, que tendrás más trabajo; la segunda, que tendrás más problemas. Dos coches dan más problemas y más trabajo que tener uno, dos casas dan más problemas que solo una, y así con todo, no pienses que esto se aplica únicamente a cosas grandes. Quince pares de zapatos dan más problemas y trabajo que cinco, y veinte camisas dan más problemas y trabajo que seis. ¿Qué problemas? Pues, por ejemplo, vas a necesitar más espacio para guardarlos, tendrás que planchar más, doblar más, tender más... Creo que se entiende.

Y esto enlaza perfectamente con el siguiente tema que vamos a tratar.

Por qué menos es más

Siguiendo un poco con lo que hemos visto en el punto anterior, voy a centrarme en otro concepto íntimamente relacionado: menos es más.

¿Esto es posible? Pues sí, por varias razones. Una de ellas ya la vimos: teniendo menos, limpiamos menos y tenemos menos problemas, por lo que ganamos tiempo y vivimos más tranquilos y más felices, pero eso no es todo.

Cuando nos acostumbramos a vivir con menos, un efecto colateral en que la gente no suele caer es que podemos elevar un poco el listón de calidad de nuestras pertenencias, si queremos.

Seguro que muchas veces has pensado en comprarte esa chaqueta o ese bolso especial y has desechado la idea porque se sale de tu presupuesto. Y, sin embargo, tienes los altillos a reventar de bolsos de quince euros, por ejemplo. ¿Te has dado cuenta de que diez bolsos de quince euros suponen el mismo gasto que un bolso de ciento cincuenta? Pues a eso me refiero.

En lugar de buscar tener un armario amplísimo, o montones de muebles apilados unos junto a otros, cuídate un poco más. Deja de comprar por impulso, evita las visitas compulsivas a las rebajas e incluso lo de «ir de tiendas» como equivalente de dar un paseo. Vivimos rodeados de anuncios, promociones y estímulos que nos incitan a la compra; ¿quién no ha dado ropa, incluso sin estrenar, y se ha dicho: «En qué demonios estaría yo pensando el día que me compré esto»? En lugar de tener una casa llena de muebles y armarios abarrotados de trastos, ¿no preferirías disfrutar mirándote al espejo con esa prenda especial y sonreír en el salón observando a tu alrededor? Te aseguro que es mucho más fácil de lo que crees, solo hay que cambiar el chip y empezar a ser consciente de lo que hacemos y por qué.

El primer paso es catalogar con sinceridad todo lo que tienes para saber si te gusta. No pienses en su utilidad ni en cómo lo vas a sustituir; de momento, limítate a catalogarlo como «me gusta» o «no me gusta», ya sea ropa, muebles o artículos decorativos.

Una vez hecho esto, te darás cuenta de cuánto te gusta o disgusta tu entorno actual. Si descubres que hay demasiadas cosas que no te gustan, es que algo está fallando, ¿no crees?

En segundo lugar, busca ideas para sustituir lo que no te gusta (si es que hace falta sustituirlo). No mires precios, es importante que no te limites, solo busca ese mueble o pantalón ideal, busca el enamoramiento. ¿Lo tienes? Bien.

El tercer paso implica no comprar nunca nada de lo que no estés totalmente seguro. ¿Cómo? De entrada, procurando no comprar algo que acabamos de ver; esta es una regla básica. De este modo, evitas la compra por impulso. ¿Has visto algo que te gusta? Genial, ahora vete a casa y consúltalo con la almohada. Si, pasadas unas horas o unos días, todavía lo quieres, es buena señal. ¿Y si ya no está? Créeme, eso no es un problema. En este mundo dominado por el consumo, puedes encontrarlo casi todo, búscalo en otras tiendas o en Internet, y si no está ahí esperándote, tampoco pasa nada, son solo cosas materiales. Pierdes mucho más volviendo a tu sistema de compra habitual.

Inevitablemente, este nuevo sistema hará que empieces a gastar mucho menos dinero. Aprovecha ese ahorro y reserva una parte para tus caprichos. Será la forma de demostrarte que esto funciona. Si te vuelve loco ese mueble increíble o esa nueva tele 4K, ahorra lo que necesites gracias a este nuevo sistema; puede que tardes un poco más, pero eso es bueno. Poco a poco, notarás cómo te vas desintoxicando de la vorágine consumista en la que nos tienen sumidos desde hace décadas. Te darás cuenta de que tus necesidades disminuyen y de que te ilusiona de nuevo el hecho de comprar algo. Volverás a convertir la compra en algo especial, y no es un hábito incontrolable.

Para terminar, grábate a fuego este consejo: nunca compres a plazos. Los plazos, los minicréditos rápidos y las tarjetas con pago a fin de mes son el invento definitivo para inducirnos comprar, a que nos lancemos a la piscina a por ese producto deseado sin pensar, sin tiempo para decidir con calma si nos va a resultar de utilidad.

Resumiendo. No compres nada el mismo día que lo ves, no lo compres si no estás totalmente convencido, no compres a plazos, ahorra y, sobre todo, ten menos, mucho menos, pero mejor, mucho mejor.

Limpiar el baño en cinco minutos

¿Es posible limpiar el baño en cinco minutos? ¿En serio? Pues sí, no es un titular fácil. No se trata de una limpieza a fondo, pero es un método de limpieza exprés que te permite tener el baño siempre bien en un tiempo mínimo. Además, con esta técnica, en lugar de limpiar dos o tres veces a la semana durante quince o veinte minutos de media, puedes hacer una limpieza general cada quince días que te llevará unos quince minutos. Echa cuentas del tiempo y el esfuerzo que te ahorras. Para poder llevarlo a cabo correctamente, la concentración es clave.

Ponte el cronómetro del móvil a cero con una alarma que suene a los cinco minutos. Es muy importante que durante ese tiempo te dediques solo al baño. Nada de WhatsApp, ni redes sociales, nada... Hay pocas cosas que no puedan esperar cinco minutos.

Empezaremos nuestra batida por el WC, sin duda el amo y señor del reino sanitario. Echa un chorrito de limpiador, dale una pasada con la escobilla y déjalo actuar.

Ahora vamos a por la bañera. Echa otro chorrito de limpiador y da una pasada con la esponja. Si haces esto un par de veces por semana, apenas habrá suciedad incrustada, así que será rápido. Tampoco pierdas la cabeza, que ya sabemos que cuando nos ponemos con estas cosas nos sale el modo Rambo y parece que, si no lo dejas todo como recién comprado, no sirve de nada. Para eso ya está la limpieza a fondo.

Los lavamanos y el bidé siguen la misma tónica que lo demás: esponja con un poco de jabón y dejar actuar. Yo últimamente para esto me estoy aficionando a las toallitas limpiadoras de baño, que son muy cómodas.

Y llega la hora de pasarse a la bayeta. Da una pasada por las superficies sin preocuparte demasiado de los recovecos. No quites lo que haya encima, ya lo haremos el día de la limpieza general.

Para los espejos, usa una bayeta especial para cristales (o una parecida).

Llega la hora de aclarar los lavamanos, el bidé y la bañera. Una pasada rápida, como antes; recuerda que esto es una limpieza exprés de mantenimiento.

Para el suelo, usa un robot antes que una escoba. Hablaremos de esto más adelante, pero ya te adelanto que si no estás utilizando robots de limpieza pudiendo permitírtelo, estás perdiendo el tiempo. Es el mejor invento desde la rueda. Si no tienes robot, pues nada, la clásica escoba, que nunca falla.

Para terminar, tira de la cisterna para eliminar el limpiador y pulveriza un poco de espray quitaolores. No te olvides de esto último; este pequeño truco marca diferencias realmente importantes y proporcionará un agradable olor floral a toda la estancia. Los olores influyen muchísimo en la sensación de limpieza que transmiten los espacios; no los subestimes. Un espacio limpio, aunque con mal olor, siempre parecerá sucio, mientras que un espacio no tan perfecto, pero con buen olor, transmitirá buenas sensaciones. En este aspecto, el juego de los sentidos es importante.

Limpiar la cocina en ocho minutos

Antes de empezar, quiero aclararte que mi cocina es bastante pequeña, así que, seguramente, si tu cocina es de esas que levantan pasiones y envidias, puede que te lleve diez o quince minutos. El tema de los tiempos depende mucho de los metros cuadrados.

Mi cocina es americana y está unida al salón, de modo que, como ya te conté, lo primero que tuve claro es que las encimeras debían estar totalmente libres, y es una recomendación que te hago a ti también. Las encimeras de las cocinas que ves en las revistas, en Pinterest o en la tele, no tienen nada encima, fíjate. Con ello se da una sensación de mayor espacio y todo parece más limpio. Como extra, mantener limpias unas encimeras sin trastos es cuestión de segundos. Tener la cocina a tope de enseres la hace parecer más pequeña y resulta más incómoda.

Una cocina puede estar impoluta, pero de nada servirá si no lo parece, si no transmite esa sensación. Cuando un espacio te produce agobio, o no acabas de encontrarte cómodo en él, tienes que actuar radicalmente. No conozco tu cocina, pero ya te aseguro que le sobran muchas cosas. Me lo dice la experiencia. Pero vamos al lío, toca remangarse.

Para esta rutina, como para la del baño o cualquiera que quieras crearte, el cronómetro es fundamental. Así que pon el móvil y vamos a ello. Recuerda que debes dedicarte solo a esto. Nada de WhatsApp, televisión, ni interrupciones de ningún tipo.

Comienza por aplicar bicarbonato en la vitrocerámica y rocía encima un poco de vinagre. Mientras estos productos hacen su trabajo, continuamos por otro lado.

Rocía vinagre con un espray sobre la pared de azulejo de la cocina y también sobre la encimera que toca a la vitro. Déjalo actuar.

No tengo lavavajillas (no me gustan nada) y tampoco microondas, así que yo esa parte me la salto. Lo siguiente es recoger los platos del escurreplatos (recuerda que no es un armario auxiliar para dejarlos ahí) y lavar los platos del fregadero (que no deberían ser muchos).

Ya sé que es difícil, pero hay que intentar lavar los platos tan pronto se utilizan. Si consigues imponértelo como una rutina, acabarás por automatizarlo y nunca tendrás grandes pilas de platos esperando.

Después rocía el vinagre en el resto de la encimera, el fregadero y el grifo. Mientras actúa, usa la cuchilla en la vitro y termina pasándole una bayeta un poco húmeda.

Aclara las encimeras y los azulejos. Durante este tiempo, el vinagre habrá hecho su particular truco de magia y funcionará como en los anuncios de KH7. Remátalo todo secando con un poco de papel de cocina para que quede perfecto y haz lo mismo con el fregadero.

Para terminar, si tienes robot aspirador o fregador, déjalo por la cocina para que se encargue del suelo. Si no tienes, ya sabes, te toca hacerlo a mano.

Además, yo tengo una bayeta que uso, exclusivamente, para el suelo que está debajo del fregadero y de la vitro. Son zonas en las que cae mucha grasa y restos. Rocío la bayeta con un poco de vinagre y la paso por esas zonas del suelo. Ya me contarás en cuánto paras tu cronómetro.

La casa perfecta en media hora

Evidentemente, este titular, que suena fenomenal, dependerá de lo que signifique para ti la palabra *perfecta*. Para mí, que la casa esté perfecta significa que está lo suficientemente bien como para que pueda recibir a un invitado. No es necesario que la brigada antigérmenes pase sus más exhaustivos exámenes de calidad.

Este también me parece un buen momento para recordar que, como organizadora, mi método no radica en conseguir casas perfectas, de esas en las que la abuela puede pasar el dedo por cada esquina con ojo crítico. No, yo no busco eso. Yo busco tener una casa cómoda y un equilibrio entre limpieza, orden y vida.

Me parecen terribles esas casas en las que todo tiene fundas para que no se manche, o en las que no puedes tumbarte en el sofá; hay personas que, en su búsqueda obsesiva de la perfección (que, por otro lado, no existe, no nos engañemos), se pasan limpiando y ordenando las veinticuatro horas del día.

Precisamente, mi método trata de reducir el tiempo que necesitas para tener una organización, un orden y una limpieza de tu hogar lo suficientemente buenos, de forma que puedas vivir y disfrutar, que es, realmente, lo único importante.

Dicho esto, y creo que dejando claro qué es lo que yo entiendo por una casa perfecta, vamos a ponernos manos a la obra.

Por un lado, a estas alturas, con las habitaciones despejadas, las estanterías, muebles y encimeras sin decenas de objetos innecesarios, con el «sin piedad», gracias al cual te habrás librado de muchas bolsas de material sobrante, y ya con un nuevo concepto de hogar en tu cabeza, te darás cuenta de lo verdaderamente drástico que ha sido tu cambio.

Para empezar, date un paseo por el *hall* o recibidor, que siempre digo que es la declaración de intenciones de un hogar, y repasa los colgadores. Seguro que hay algún abrigo o bolso de más, tal vez algún zapato se ha quedado fuera del zapatero y habrá algunas cartas o folletos en el mueble de la entrada.

Mientras el robot aspirador se pasea por la casa, aspirando por ti, tú puedes dedicarte a recoger las pocas cosas que hayan quedado por las mesas o por el suelo, caso típico de los juguetes de los niños. Como tendrás claro en qué lugar debe ir cada objeto y, además, tendrás tus cajas y cestos para las secciones, será rapidísimo colocarlo todo en su sitio.

¿Por qué tan rápido? Principalmente porque no tendrás que pensar. Tu familia y tú actuaréis como una máquina bien engrasada. Ya no habrá momentos de bloqueo ni de amontonarlo todo en un armario, eso es agua pasada.

Hacer una limpieza rápida con bayeta y vinagre por las principales superficies del baño y la cocina no debería llevarte más de cinco minutos como mucho, ya que habrán desaparecido la mayoría de los botecitos y las muestras.

Quitar el polvo de las superficies de los muebles, igualmente despejados, será también un juego de niños; será tan rápido que ni a un adolescente le daría pereza hacerlo, perdería más tiempo quejándose. Recuerda que se trata de una pasada rápida, no es momento de centrarse en los detalles. Gracias a tus rutinas diarias y semanales y a la reducción de ruido visual y de objetos inútiles, tanto el orden como la limpieza se mantendrán más fácilmente y durante más tiempo, así que no tendrás grandes acumulaciones de polvo ni suciedad en ningún sitio.

¿Qué opinas? ¿Falta algo más? Pues sí, te voy a dar el truco definitivo para que parezca que, por tu casa, acaba de pasar un batallón de limpieza. La clave está en el olor.

Utiliza un espray quitaolores (los venden en la mayoría de los supermercados). Generalmente se venden para actuar sobre los tejidos y, además de eliminar olores, suelen dejar un ligero perfume floral que hace que todo huela a limpio.

Aplícalo en los principales tejidos, como cortinas, sofás e incluso alfombras. Finalmente, pulveriza un poco en el aire. Por cierto, aprovecho para decirte que también es recomendable hacer esto, al menos una vez a la semana, en el coche. Yo siempre llevo en la puerta del conductor uno de estos espráis y la verdad es que se agradece; son infinitamente mejores que cualquier distribuidor de aroma.

Y, ahora sí, mientras tu robot sigue aspirando, tú has dejado tu casa espectacular en, calculo, un máximo de quince o veinte minutos, dependiendo de cómo estuviera y, claro está, de los metros cuadrados que tengas que ordenar. No es lo mismo una casa de setenta metros que una de setecientos.

En las casas en las que yo he vivido, que han sido siempre de entre sesenta y cien metros cuadrados, he tardado en hacer este tipo de limpiezas entre cinco y diez minutos solamente (y dejando el robot exclusivamente en el salón, que es la zona en la que, normalmente, permanecerán las visitas).

Nosotros solemos llamar a este tipo de puesta a punto exprés «mientras no estabas». El nombre viene de un programa de televisión americano de decoración en el que, por sorpresa, redecoraban una de las habitaciones de la casa de una persona mientras esta permanecía fuera el fin de semana. Al final siempre acababan en el último segundo, colocando algún detalle pendiente mientras la persona sorprendida abría la puerta de su casa.

Es un nombre muy adecuado porque solemos hacer esto cuando, de repente, alguien nos avisa por sorpresa de que se va a pasar por casa en unos minutos y cunde el pánico. Así, lo más habitual es que acabemos metiéndolo todo en un armario, de cualquier manera y a toda prisa, mientras los invitados suben las escaleras.

¿Me equivoco?

Trucos para ahorrar tiempo

Puede que esta parte del libro sea la que más te haya llamado la atención. Habrás sido muy disciplinado si no has venido a echar un vistacillo antes de tiempo.

Existen muchos trucos para ganar tiempo. Algunos necesitarán obras en casa, pero otros son realmente tan sencillos que ni siquiera requerirán que cambies mucho tus costumbres.

Pequeñas obras para una vida más fácil

Seguro que más de una vez te has planteado hacer pequeñas reformas en casa, pequeñas mejoras que no resulten muy caras y puedan darle un lavado de cara a tu hogar.

Hoy quiero enseñarte cinco pequeñas obras que, además de no ser muy costosas, te ayudarán a conseguir más espacio, más sensación de limpieza o más organización.

En mi *top* cinco están siempre los fregaderos que se acoplan bajo la encimera, en lugar de los habituales que lo hacen por encima, ya que evitan que se acumule suciedad en los bordes, algo bastante desagradable y difícil de mantener. Al no crear bordes con la encimera, puedes limpiar toda la encimera con el trapo y tirar los restos directamente en el fregadero. Rápido y fácil.

Recuerda que las encimeras deberían estar siempre lo más despejadas posible, por lo que te puedes hacer una idea de la rapidez que se gana a la hora de limpiar la cocina con esta pequeña obra.

En segundo lugar, tenemos las baldosas jaspeadas o el microcemento. Las baldosas yo solo las tendría en baños o cocina, ya que me parecen muy frías para el resto de la casa, pero, claro, dependerá de cuál sea el clima de tu zona.

Los suelos lisos tienen el problema de que la más mínima miga de pan o pequeño desperfecto se verá a kilómetros. Al usar un acabado jaspeado, la suciedad y los pequeños golpes o manchas que van saliendo con los años se disimulan fácilmente. Creo que cualquiera que haya tenido, por ejemplo, una cocina con un suelo de azulejo blanco me entenderá perfectamente. Es frustrante.

El suelo de microcemento se ha puesto de moda en los últimos años. Es una magnífica opción, muy decorativa. Consigue un aire industrial y, al no tener juntas, es fácil de mantener limpio. Además, su acabado tampoco es uniforme, así que la suciedad y los desperfectos clásicos del uso se disimulan bastante.

Para los suelos de madera, utiliza tarimas o maderas claras, pero nunca blancas. Al igual que con las baldosas, son una auténtica tortura. Verás los suelos constantemente sucios, incluso aunque tengan veta. Mi consejo es que elijas una tarima clara, como la de haya, olmo o pino. No uses un barnizado brillante, no suele dar buen resultado. Intenta respetar el color y el tono mate natural de la madera.

Con esto, comprobarás que tus estancias ganan muchísima luz y, por tanto, aumenta la sensación de espacio. Estas maderas, además, no resaltan la suciedad, por lo que ayudan a mantener la sensación de limpieza más tiempo con menos trabajo.

Seguimos. Utiliza puertas correderas siempre que sea posible. Este tipo de puertas te permite aprovechar el espacio reservado para el paso de la puerta. Independientemente de si usas ese espacio extra, estas puertas también consiguen dar una mayor sensación de espacio en general.

Y, para terminar, invierte en el interior de los armarios. Muchas veces veo casas en cuya reforma se han gastado muchísimo dinero y en las que, en cambio, apenas se han tocado los interiores de los armarios o, como mucho, se han retocado ligeramente.

Para personalizar un armario tenemos muchísimas posibilidades: baldas extraíbles, barras para botas altas, zapateros, dobles barras, estanterías con divisiones para bolsos... Las opciones son inmensas.

Como ves, hay pequeños cambios que pueden lograr grandes efectos en tu día a día, además de resultar bonitos decorativamente hablando.

Algunas obras pueden ser muy engorrosas, como las de los suelos, y otras bastante más fáciles, como las de los armarios. Ten en cuenta estos cinco ejemplos la próxima vez que decidas invertir tus ahorros en reformar la casa.

Planchar más rápido ganando tiempo antes
La plancha es uno de esos males a los que todos debemos enfrentarnos. ¿Hay alguien a quien le guste planchar? Pues sí, hay gente a la que le encanta, pero eso es otra historia y, desde luego, no es mi caso.

La realidad es que al 99 % de la población, tirando por lo bajo, no le gusta. Pero hay unos cuantos trucos para planchar menos o para planchar más rápido.

Para empezar, pon la centrifugadora al mínimo de revoluciones. La ropa tarda más en secarse, pero se arruga muchísimo menos. Dependiendo del espacio que tengas en casa para el secado, esto te resultará más o menos útil; a mí, por ejemplo, me viene de perlas.

En segundo lugar, tiende con mimo. Si te tomas tu tiempo para tender, estirando bien la ropa y colocándola de la mejor forma posible, te ahorrarás muchísimas arrugas. Una ropa bien tendida es una ropa semiplanchada.

Si no te gusta tender, seguramente lo que peor lleves sean las camisas. Para reducir al mínimo las arrugas, tiéndelas en una percha, una camisa por percha. De este modo, además de que saldrán casi sin arrugas del tendedero, las tendrás listas para guardarlas en el armario.

Te sorprenderá el resultado, te lo garantizo. Especialmente en invierno, que suelen llevarse bajo jerséis, no hará falta ni plancharlas.

Recoge la ropa del tendedero en cuanto esté seca. Esto es lo más difícil de conseguir, sobre todo si vives en zonas de mucho calor. Es fundamental recogerla justo en el momento en que se seca. Lo sé, no es fácil estar pendiente de esto todo el día; además, pasamos muchas horas fuera de casa. Cada uno que lo haga como pueda, pero la realidad es que cuanto más tiempo permanezca la ropa seca en el tendedero, peor quedará. Es lo que yo llamo el «efecto acartonado». Si la ropa está demasiado tiempo expuesta al sol, se queda más tiesa y se forman arrugas.

Ya hemos dicho que doblar la ropa cuando la sacas del tendedero ahorra tiempo. Pon una bandeja al lado de este y ve doblando las prendas según las vayas sacando. No hay nada peor que meter la ropa de cualquier manera en el barreño. Bueno, sí hay algo peor, tirarla en el sofá. Si sigues mi consejo y doblas la ropa en el momento de sacarla del tendedero y, además, lo haces justo cuando se ha secado, te ahorrarás planchar el 80 % de tu ropa. Y el resto tendrá menos arrugas.

Si buscas matrícula de honor, guarda la ropa en el armario inmediatamente después de doblarla.

Y para acabar, para esas pocas prendas que aún necesiten algo de plancha (pantalones, polos o camisetas), mi último consejo es que las dejes en el cesto de la plancha bien dobladas. Como seguramente tardarás varios días en ponerte a planchar, el propio peso de la ropa hará que se desarrugue bastante. ¿No me crees? Pruébalo y me cuentas; ya verás que no me equivoco. En el caso de las camisas que necesiten un planchado, cuélgalas en una percha mientras esperan su turno para que no se arruguen más.

Espero que estos seis trucos reduzcan un poquito tu carga de trabajo con la plancha y te hagan la vida un poco más fácil. Si a ellos les unes una buena planificación, tendrás mucho ganado.

El futuro ya está aquí: los robots
Bienvenido al futuro. En las películas y libros de los años ochenta, mi década, se creía que, en el siglo XXI, los coches flotarían sobre colchones de aire y humanoides robóticos se encargarían de todas las tareas tediosas de nuestro día a día.

Bueno, puede que no hayamos llegado tan lejos aún, pero también es cierto que muchos de los avances realmente importantes todavía no se han generalizado en la mayoría de los hogares, en gran parte debidos a la desconfianza.

Actualmente, disponemos de máquinas y robots, algunos más autónomos que otros, que pueden aspirar, fregar el suelo, fregar los platos, cortar el césped, cocinar y planchar la ropa. Y seguro que hay muchos más que ahora mismo no recuerdo o que desconozco.

Algunos ya llevan tantos años con nosotros que se han generalizado, como el lavavajillas; otros, sin embargo, levantan cierto recelo, como los robots aspiradores y friega-suelos.

En la última década se ha producido un revolucionario avance en el tema de los robots que yo comparo con la invención de la lavadora. En aquel tiempo, nuestras abuelas se quejaban de que las prendas no quedaban tan limpias como lavadas a mano, decían que esos aparatos estropeaban la ropa. Si te fijas, son los mismos comentarios que se hacen ahora de los robots, que si no limpian igual de bien, que si estropean el suelo... Ni caso, nuestros hijos ya no se lo plantearán.

A día de hoy, los robots aspiradores, por ejemplo, son de los más avanzados. Puedes programarlos para que trabajen mientras estás fuera. Mapean toda la casa para asegurarse de que pasan por todos los rincones y que optimizan al máximo el tiempo que están en funcionamiento, vuelven a su cargador cuando han terminado o cuando les queda poca batería y, si tienes la casa mínimamente despejada (como yo recomiendo), te lo dejarán todo perfecto.

Es cierto que si quieres una limpieza un poco más a fondo, tendrás que levantar las sillas y ese tipo de elementos, pero no es algo que haya que hacer todos los días. Para los pequeños detalles, yo tendría un pequeño aspirador de mano; es evidente que hay sitios a los que no llega, pero eso no significa que sea malo, tampoco llegamos con el aspirador tradicional ni con la escoba a la mayoría de los rincones.

De hecho, un aspecto en el que los robots nos ganan por goleada es en que pueden colarse por debajo de los muebles, con lo que su limpieza es mucho más profunda.

También es verdad que debes tener en cuenta algunos puntos importantes si vas a delegar el mantenimiento del suelo a los robots.

El primero de ellos y seguramente el más importante: evita los cables sueltos, sobre todo si son finos, porque los arrasan y crean auténticos estropicios. Esto supone en realidad una ventaja, porque así te obliga a tener los cables ocultos y bien organizados. A día de hoy existen cientos de opciones en el mercado para organizar y ocultar los cables, así que no hay más excusa para hacerlo bien que la pereza o la dejadez.

El segundo punto que debes tener en cuenta es que las cortinas no deben arrastrar por el suelo. Las aspas de los robots podrían enredarse en ellas y o bien estropearlas, o bien quedarse atascados, dejando la limpieza a medias.

Finalmente, ten en cuenta la altura y el tipo de alfombras que tienes. Si son demasiado altas, el robot interpretará que hay un salto o una pared y no las limpiará y si tienen flecos, probablemente se enredará en ellos.

Hay que hacer algunas concesiones, claro está, pero creo que el precio es razonable si tenemos en cuenta que nos permitirá olvidarnos de la limpieza del suelo para siempre. ¿Una prueba? Llevo más de diez años sin escoba ni aspirador en casa y, desde que tengo el robot fregador, tampoco tengo fregona.

La principal pega de los robots aspiradores es que todavía no han encontrado una forma de limpiarse o vaciar sus depósitos de forma autónoma, así que nos tocará hacerles ese pequeño mantenimiento con bastante regularidad. Además, si quieres que tu robot dure mucho más tiempo, un par de veces al año deberías regalarle una limpieza a fondo, de esas en las que hace falta desmontar algunas piezas. Es frecuente que el interior se llene de polvo, pelo y restos, y la mayoría de las averías suelen venir por esa razón.

Los robots fregadores funcionan fenomenal, aunque todavía no están tan avanzados como los aspiradores. Además, tienen la desventaja de que hay que cargarlos de agua, pero también son una gozada. Me convencí definitivamente de ello cuando tuve que limpiar los restos de obra de la instalación del aire acondicionado. Tenía mis dudas de que solo con los robots fuera suficiente, pero lo cierto es que, tras quitar los trozos grandes de ladrillo, lo demás lo hicieron ellos solitos.

Los que todavía están poco desarrollados son los robots planchadores. Existen varios modelos en el mercado, pero tienen tres desventajas importantes: son muy caros, planchan poca ropa en cada iteración (son poco autónomos y hay que estar pendiente de ellos) y, lo peor de todo, la combinación de vapor de agua y altas temperaturas hace que su electrónica se averíe con cierta frecuencia. Además de esto, ocupan bastante espacio, casi como un armario pequeño, así que aún los tengo en observación; tengo grandes expectativas para el futuro cercano, pero de momento no creo que sean demasiado recomendables.

En definitiva, mi recomendación es clara: la automatización de las tareas del hogar es un paso muy importante para liberar nuestro tiempo y dejar de sentirnos esclavos de nuestra casa. Te animo muy mucho a que inviertas en estos aparatos, ya que, en general, sus precios empiezan a ser bastante asequibles y puedo asegurarte que no te vas a arrepentir. Eso sí, estudia bien todas las opciones del mercado, no te fíes siempre de lo más barato y no te desanimes si alguno no sale como esperabas. Yo también he tenido lavadoras o coches que no me han salido como esperaba y no por eso he dejado de tenerlos. A veces, estas cosas pasan.

8.
Limpieza y salud

Para qué limpiamos

¿Alguna vez te has hecho esta pregunta? Seguramente, no. Mi otra pregunta es: si nunca te has planteado por qué limpias, entonces ¿cómo puedes entender cuál es tu objetivo o cuál es la razón por la que inviertes gran parte de tu vida en hacerlo?

Hay gente que limpia simplemente porque le gusta; otra, porque no le queda más remedio (aunque no sepa bien por qué) y poca, conscientemente, por salud, normalmente los alérgicos o personas con problemas que puede agravar un entorno desfavorable.

Con esto no quiero decir que la mayoría de las personas no sepan que limpiar es bueno para la salud; es evidente que lo saben. Me refiero a que no lo saben de forma consciente, sencillamente lo hacen porque es lo que hay que hacer. Quizá pienses que no hay diferencia, pero lo cierto es que la hay, y mucha, cuando tu vida y tu bienestar dependen de ello.

La falta de limpieza periódica implica muchísimos peligros potenciales para tu salud y para la de aquellos que viven contigo. Lógicamente, como en todo, se trata de mantener un equilibrio; tampoco es necesario que nuestra casa parezca un quirófano. Lo que sí me gustaría resaltar es que es infinitamente mejor hacer una limpieza menos estricta y más habitual que pegarse una paliza mensual y hacerla a conciencia.

Cómo organizar la limpieza

Existen diferentes niveles de limpieza en función de hasta dónde quieras llegar, y está bien que los conozcas a la hora de llevar a cabo tu planificación. Por ejemplo, seguramente todos los días tendrás que pasar el trapo por la encimera, pero no todos los días será necesario limpiar los azulejos.

Para el día a día, como ya hemos dicho, basta con hacer pequeñas pasadas de mantenimiento. El uso del vinagre como principal producto de limpieza, además, sirve como desengrasante y desinfectante, así que mira todo lo que estás consiguiendo con algo tan sencillo y sin gastar ni un minuto más de tiempo.

En cambio, tareas como el abrillantado, las juntas de los azulejos, levantar todos los botes para limpiar las estanterías, dar una pasada por las esquinas, hacer cristales…, esas son tareas más complejas que requieren bastante tiempo. Por eso, mi consejo es dejarlas para la limpieza más profunda, que puede hacerse una vez al mes o cada tres semanas, dependiendo de cada caso.

En general, en mi método siempre recomiendo lo que yo llamo «limpiezas escalonadas». Esto es, tareas pequeñas y rápidas para el día a día y, dependiendo de cómo quieras organizarte, puedes hacer una pasada un poco más intensa una vez por semana y una a conciencia una vez al mes o fusionar estas dos últimas en una única pasada cada dos o tres semanas. Dependerá del tiempo que tengas disponible, de tus gustos y de tu casa.

Seguramente te preguntarás cómo lo hago yo. A mí me gusta planificar semanalmente, de lunes a viernes, porque creo firmemente que los sábados y domingos hay que disfrutarlos y que deberíamos dejar el fin de semana para lo estrictamente imprescindible.

Hay quien piensa que eso de planificar «los lunes hago baños; los martes, salón, etcétera» es un incordio inútil. La realidad es que no es así. El día que dejas de plantearte que toca limpiar la casa y pasas a pensar: «Hoy, martes, me tocan los baños y solo los baños», el chip de la limpieza cambia totalmente.

Por un lado, hablamos de una tarea mucho menos pesada y que, por tanto, da menos pereza. Por otro, no has de ponerte a pensar en lo que tienes que hacer. Parece una chorrada, pero si no tienes nada apuntado ni planificado, cuando te pones a pensar qué es lo que tienes que hacer te vienen a la mente cientos de cosas, desde coser los bajos de un pantalón, salir a comprar y fregar los platos a llevar el coche al taller.

Pensar está muy bien, pero hay que tener la mente bajo control, porque no es tan fácil de dominar como parece.

Cuando tienes una planificación por escrito, no piensas. Llega el momento, miras el *planner* y dices: «Ok, a los baños», y diez minutos después estás en el sofá disfrutando de la vida y contento de haber cumplido con tu cometido.

Así que te animo a que lo pruebes si no lo has hecho antes. Intenta cronometrar las tareas habituales para hacerte una idea de cuánto tardas en hacerlas (sin mirar el móvil, acuérdate), localiza los mejores huecos para llevarlas a cabo de lunes a viernes y trata de no planificar más de una zona de la casa por día, dos como máximo. Ya verás qué cambio.

La limpieza ecológica

Desde siempre, la ecología ha sido una preocupación importante para mí, no en vano estudié biología.

Cuando me metí en este mundo del orden y la limpieza, descubrí varias cosas que llamaron mi atención enseguida. La primera de ellas es que, seguramente debido al *marketing* y la publicidad, abandonamos el uso de muchísimos productos de toda la vida, baratos, respetuosos con el medioambiente y verdaderamente efectivos por conglomerados químicos con mejor *packaging*, mucho más caros, pero que a la hora de la verdad no son mejores.

Como resultado, nuestros armarios se llenan de botes y productos especializados que se pasan años allí cogiendo polvo porque, después de algún uso ocasional, no sabemos muy bien para qué más utilizarlos.

Por mi experiencia, os aseguro que para la limpieza general de un hogar común con bicarbonato y vinagre se solucionan la gran mayoría de las necesidades más habituales. Haz cálculos de la cantidad de botes (y espacio) que estás desperdiciando. Aparte de esto, por supuesto, uso algunos productos más, como el jabón de Marsella o el jabón de lavar los platos.

También es cierto que para tareas más duras hay que tirar de productos más especializados, pero, insisto, en general no es necesario para nada utilizar productos tóxicos que, además de prescindibles, dañan nuestra salud y nuestro medioambiente. No necesitamos amoniaco, ni lejía ni nada de esto. Especialmente preocupante me parece el uso tan extendido del amoniaco, con lo altamente tóxico que resulta. ¿Te has dado cuenta de que, cuando lo aplicas, rápidamente se te irritan las vías respiratorias? Es un aviso.

Créeme cuando te digo que es posible tener tu casa perfectamente limpia sin el uso de productos tóxicos. Nuestra casa no es un hospital ni un laboratorio, no hace falta desinfectarla. Nuestro cuerpo está preparado y tiene barreras para defenderse, así que con una limpieza normal y sencilla puedo asegurarte que es más que suficiente.

9.

Rompiendo las reglas

El orden y la improvisación

A lo largo de los últimos años, con mis libros, el blog, los vídeos en el canal de YouTube…, he procurado enseñar a la gente a regirse por una serie de reglas que te ayudan a entender cómo construir un hogar altamente efectivo y eficiente, un hogar en el que sentirte a gusto y que sea sencillo de mantener en el día a día.

Como en cualquier disciplina, una vez que llegas a ese punto en el que entiendes y dominas las reglas del juego, llega el momento de aprender a romperlas, de ajustarlas aquí o allá a tu rutina o de crear las tuyas propias.

No obstante, y esto es importante, solo debes empezar a hacer esto cuando hayas seguido las reglas primero. Si no lo haces así, es fácil que caigas en la tentación de abandonar lo que simplemente te da pereza, no te gusta o aquello en cuyo funcionamiento no confías sin tan siquiera intentarlo.

Por supuesto, yo también lo he hecho, he roto las reglas. Si no, mi método no habría evolucionado. He cogido aspectos del *feng shui*, del zen, de métodos de organización japoneses y americanos, del *dan-sha-ri*, del minimalismo…, y todo ello lo he adaptado a mi experiencia personal y a nuestras costumbres mediterráneas. ¡Ya me dirás si eso no es romper las reglas! Pero, como ahora te digo a ti, para romperlas primero tuve que estudiarlas, aplicarlas y comprenderlas, y eso, inevitablemente, lleva su tiempo.

Cuando consigas un cierto dominio del método, tal vez no quieras cambiarlo, pero sí podrás improvisar sobre la marcha. Por ejemplo, quizá no tengas que ser tan estricto a la hora de mantener el orden en determinadas zonas de la casa y haya días en que la casa se desmande un poco. No obstante, tu ojo entrenado será perfectamente consciente de lo que está pasando, de por qué ocurre y, lo más importante, de cómo solucionarlo.

Si un día o dos, o incluso una semana, se te desmanda un poco la casa porque has estado hasta arriba de trabajo, o por cansancio o por una ruptura de tus rutinas habituales, como suele pasar en Navidad o vacaciones, no pasa nada. Tómatelo con calma. Tu casa está ahora organizada y diseñada para recuperar el control en muy poco tiempo. Esto significa que, como mucho, para una casa de hasta cien metros cuadrados, una mañana o una tarde te resultarán suficientes para volver a dejarlo todo perfecto y reluciente.

Esto es importantísimo. Es increíble la sensación de libertad y control que te da el saber que, en dos o tres horas, en cualquier momento del día, puedes volver a tener la casa tal y como te gusta, esté como esté.

Y es precisamente esa libertad la que te permitirá saltarte algún paso de vez en cuando o relajar tus normas durante una temporada para adaptar tu tiempo a un pico de actividad. Es la libertad de dominar y controlar tu entorno.

Esto, como ya hemos visto a lo largo de este libro, reforzará la confianza en ti mismo, te hará sentir que controlas la situación, reducirá tus niveles de estrés y ansiedad, te proporcionará un sitio en el que relajarte y descansar, un entorno seguro, y te ayudará a reservar tus energías para las batallas más difíciles, las que te esperan más allá de la puerta de casa.

Pasarse con el orden

Como en todo, y esto no es una excepción, el exceso nunca es una buena noticia. Ya he comentado que hay bastante gente con problemas obsesivos con el orden o la limpieza. No te equivoques, esto también es un problema, un problema serio.

Las personas obsesionadas con el orden y la limpieza difícilmente llegan a alcanzar cotas elevadas de felicidad, frecuentemente tienen problemas en su entorno familiar, ya que el resto de las personas que conviven en la casa no comparten su obsesión, y, además, deben lidiar con un problema de frustración constante que puede desembocar en depresiones y falta de confianza en los casos más graves. ¿Por qué?

Pues porque alcanzar la perfección siempre, absolutamente siempre, es imposible.

En el equilibrio está el punto exacto en el que maximizarás tus posibilidades de ser feliz. No se puede vivir rodeado de un caos constante, del mismo modo que no se puede vivir rodeado de una perfección constante. No puedes estar todo el día pendiente de si hay pelusas en las esquinas o de si una caja está descuadrada en la perfecta línea recta visual que forma tu estantería u obsesionado por si es más óptimo ordenar las camisas por estilo, estampado o color.

Recuerda: el objetivo de todo esto, el objetivo de mi método de orden y limpieza, de todo lo que publico y de todos mis esfuerzos, es ayudarte a que seas más feliz, a que vivas más liberado o liberada, a que descubras que la casa puede ser un hogar y no una carga o una prisión.

Si no tienes esa sensación, o este método no es para ti o debes modificarlo para adaptarlo a tus gustos. También puede ser, no lo descartes, que no haya llegado en el momento adecuado. El momento en este tipo de cambios de vida es fundamental. Si no es el momento, déjalo apartado y cuando tu instinto te lo pida, retómalo; estoy segura de que entonces te funcionará.

Conclusión |

A lo largo de todo este libro, hemos tratado muchos aspectos: algunos más teóricos; otros, más prácticos. No obstante, antes de dejarte, espero que con ganas de hacer algunos cambios en tu casa y en tu vida, me gustaría repasar contigo los puntos que yo considero más importantes de todo lo visto. Lo primero y fundamental es que, como en todo en esta vida, lo más importante es alcanzar un equilibrio. Pasarse de acumulador es tan malo como pasarse de estricto, al igual que limpiar poco puede ser tan contraproducente como limpiar demasiado. En la «vía media», como dicen los budistas, está el camino de la felicidad.

Como parte de ese camino medio, yo apuesto por la calidad en lugar de la cantidad, el menos pero mejor que puso de moda Dieter Rams, *Less but Better*, uno de los grandes diseñadores del siglo xx, en el que se basan cientos de marcas icónicas, como Apple, Braun, Vitra o Vitsoe. Dejar de comprar solo por tener y volver a enamorarte de los objetos que te rodean; poder gastarte cien euros en una tetera que te ha llegado al corazón por el simple hecho de que no te has comprado cinco pantalones de veinte euros que se estirarían en menos de dos meses. Pensar, en definitiva, y no dejarse arrastrar por los anuncios, el día a día y la marea de consumo irresponsable al que nos conduce nuestro desenfrenado estilo de vida.

Menos cosas y más orden implican una vida más fácil, menos problemas, menos discusiones y menos agobios. Con cada cosa nueva que entra en tu casa, aumenta la probabilidad de tener un problema. Piénsalo bien y haz que verdaderamente valga la pena.

El segundo punto, siguiendo esta filosofía, que me gustaría que te llevaras en claro de este libro es la importancia de los espacios abiertos y de las superficies despejadas. Trabaja cada día para que sean las personas, y no los objetos, los protagonistas de tu casa; deja siempre libre el centro de las habitaciones y procura que los espacios de paso sean amplios y estén despejados de estorbos; desocupa las encimeras, las mesas y las superficies de los muebles y procura que las zonas cercanas a las puertas estén libres de muebles grandes.

Cuida la línea visual. Procura que todo lo que quede a la altura del pecho y los ojos no se vea recargado o desordenado y mantén un equilibrio con los colores que pueblan tu espacio. En este mundillo, la percepción lo es todo. Puedes tener una casa casi perfecta, pero ese *casi* puede marcar una gran diferencia. Los detalles son importantes.

En cuanto al tiempo, el truco está en tener una buena planificación y en centrarte en lo que haces, sin distracciones. El móvil es nuestro peor enemigo si queremos librarnos rápidamente de las tareas del hogar.

Genera rutinas siempre que puedas, trata de hacer las mismas cosas en el mismo momento del día, los mismos días, hasta que consigas hacerlo de forma mecánica, sin pensar. En las rutinas está la magia de esas casas que parecen mantenerse solas y sin esfuerzo.

Por último, pero no por ello menos importante, cuida tu salud y cuida tu entorno, evita los productos tóxicos; todo lo que se puede conseguir con productos químicos se puede conseguir de forma natural. ¿Por qué? Pues sencillo, porque los químicos normalmente tratan de imitar a la naturaleza, pero abaratando muchísimo los costes. Ese es su proceso de desarrollo: buscar algo natural que funcione, comprenderlo, sintetizarlo y abaratarlo a través de una cadena automatizada de producción. De ese modo no dependen de cultivos, plagas, problemas naturales, etcétera.

Pero, sobre todo, haz aquello con lo que te encuentres más cómodo. Si algo no te hace sentir bien, deshazte de ello; si notas que algo en tu vida no es como debería, haz cambios, prueba, hasta que des con la tecla correcta. No te dejes arrastrar, la vida es para los valientes y no hay nada más valiente que enfrentarse a uno mismo.

Su opinión es importante.
Estaremos encantados de recibir sus comentarios en:

www.plataformaeditorial.com

Vaya a su librería de confianza.
Tener un librero de cabecera es tan recomendable
como tener un buen médico de cabecera.

«*I cannot live without books.*»
«No puedo vivir sin libros.»
THOMAS JEFFERSON

Plataforma Editorial planta un árbol
por cada título publicado.

SOMOS
NATURALEZA
Un viaje a nuestra esencia

KATIA HUESO

Cómo vivir, educar y cuidarnos
con la naturaleza en el corazón

Una invitación a retomar el contacto con la naturaleza.
Una llamada a reconocerla, respetarla y a vivirla en un sentido
más profundo; a recuperar la devoción por lo lejano y lo salvaje.